रज़ा पुस्तक माला

अहिंसा की संस्कृति

सभ्यता–समीक्षा

रज़ा फ़ाउण्डेशन | THE RAZA FOUNDATION

अहिंसा की संस्कृति

आधार और आयाम

नन्दकिशोर आचार्य

राजकमल प्रकाशन

रज़ा पुस्तक माला : सभ्यता-समीक्षा
प्रधान सम्पादक : अशोक वाजपेयी | सम्पादक : पीयूष दईया
राजकमल प्रकाशन प्रा.लि. और रज़ा फ़ाउण्डेशन का सह-प्रकाशन

ISBN-978-93-88183-75-8

मूल्य : ₹395

पहला संस्करण : 2018

प्रकाशक : राजकमल प्रकाशन प्रा. लि.
1-बी, नेताजी सुभाष मार्ग, दरियागंज
नई दिल्ली-110 002

शाखाएँ : अशोक राजपथ, साइंस कॉलेज के सामने, पटना-800 006
पहली मंज़िल, दरबारी बिल्डिंग, महात्मा गाँधी मार्ग, इलाहाबाद-211 001
36 ए, शेक्सपियर सरणी, कोलकाता-700 017

वेबसाइट : www.rajkamalprakashan.com
ई-मेल : info@rajkamalprakashan.com

मुद्रक : यश प्रिंटोग्राफिक्स
नोएडा-201301 (उत्तर प्रदेश)

AHINSA KI SANSKRITI
Culture & Non-violence
by Nandkishore Acharya

सहधर्मिणी
चन्द्रकला के लिए
कृतज्ञतापूर्वक

आमुख

कलाओं में भारतीय आधुनिकता के एक मूर्धन्य सैयद हैदर रज़ा एक अथक और अनोखे चित्रकार तो थे ही उनकी अन्य कलाओं में भी गहरी दिलचस्पी थी। विशेषतः कविता और विचार में। वे हिन्दी को अपनी मातृभाषा मानते थे और हालाँकि उनका फ्रेंच और अँग्रेज़ी का ज्ञान और उन पर अधिकार गहरा था, वे, फ्रांस में साठ वर्ष बिताने के बाद भी, हिन्दी में रमे रहे। यह आकस्मिक नहीं है कि अपने कला-जीवन के उत्तरार्द्ध में उनके सभी चित्रों के शीर्षक हिन्दी में होते थे। वे संसार के श्रेष्ठ चित्रकारों में, २०-२१वीं सदियों में, शायद अकेले हैं जिन्होंने अपने सौ से अधिक चित्रों में देवनागरी में संस्कृत, हिन्दी और उर्दू कविता में पंक्तियाँ अंकित कीं। बरसों तक मैं जब उनके साथ कुछ समय पेरिस में बिताने जाता था तो उनके इसरार पर अपने साथ नवप्रकाशित हिन्दी कविता की पुस्तकें ले जाता था : उनके पुस्तक-संग्रह में, जो अब दिल्ली स्थित रज़ा अभिलेखागार का एक हिस्सा है, हिन्दी कविता का एक बड़ा संग्रह शामिल था।

रज़ा की एक चिन्ता यह भी थी कि हिन्दी में कई विषयों में अच्छी पुस्तकों की कमी है। विशेषतः कलाओं और विचार आदि को लेकर। वे चाहते थे कि हमें कुछ पहल करना चाहिये। २०१६ में साढ़े चौरानवे वर्ष की आयु में उनकी मृत्यु के बाद रज़ा फ़ाउण्डेशन ने उनकी इच्छा का सम्मान करते हुए हिन्दी में कुछ नये क़िस्म की पुस्तकें प्रकाशित करने की पहल *रज़ा पुस्तक माला* के रूप में की है, जिनमें कुछ अप्राप्य पूर्व प्रकाशित पुस्तकों का पुनर्प्रकाशन भी शामिल है। उनमें गांधी, संस्कृति-

चिन्तन, संवाद, भारतीय भाषाओं से विशेषतः कला-चिन्तन के हिन्दी अनुवाद, कविता आदि की पुस्तकें शामिल की जा रही हैं। सभी पुस्तकों पर रज़ा साहब और उनके समकालीन मित्र चित्रकारों आदि की प्रतिकृतियाँ आवरणों पर होंगी।

हम भयावह रूप से हिंसक समय में रह रहे हैं। हिंसा, हत्या, आतंक, मारपीट, असहिष्णुता, घृणा आदि, भीषण दुर्भाग्य से, एक नयी नागरिक शैली ही बन गये हैं। असहमति की जगह समाज और सार्वजनिक संवाद में तेज़ी से सिकुड़ रही है। इस वर्ष हमारे युग में अहिंसा के सबसे बड़े सार्वजनिक प्रयोक्ता महात्मा गाँधी का १५०वाँ वर्ष जल्दी ही शुरू होने जा रहा है। रज़ा निजी रूप से गाँधी जी से बहुत प्रभावित थे। *रज़ा पुस्तक माला* के अन्तर्गत हम गाँधी-दृष्टि, जीवन और विचार से सम्बन्धित सामग्री नियमित रूप से प्रस्तुत करने के लिए प्रतिबद्ध हैं। नन्दकिशोर आचार्य ने एक बौद्धिक के रूप में अहिंसा पर लम्बे अरसे से बहुत महत्त्वपूर्ण काम किया है। एक ऐसे दौर में जब भारत में क्षुद्र वीरता और नीच हिंसा को अहिंसा से बेहतर बताया जा रहा है और संस्कृति के नाम पर अनेक कदाचार रोज़ हो रहे हैं, अहिंसा की संस्कृति को समझने और उस पर इसरार करने का विशेष महत्त्व है।

अशोक वाजपेयी
जुलाई २०१८, नयी दिल्ली

क्रम

अहिंसा : जीवन का धर्म

अहिंसा पद की व्युत्पत्ति 'हिंसा' से जुड़ी होने के कारण, सामान्यतः इसे निषेधात्मक माना जाता है। इस अर्थ में अहिंसा का तात्पर्य हुआ हिंसा न करना। लेकिन, शब्द–रूप में निषेधात्मक होते हुए भी 'अहिंसा' पद भावात्मक या मूल्य स्तर पर वैसे ही सकारात्मक है, जैसे 'अमृतत्व' या अमरता शब्द–रूप में निषेधात्मक होते हुए सकारात्मक भाव का द्योतक है। 'हिंसा' पद की व्याख्या करने पर भी अहिंसा पद भावात्मक और नैतिक स्तर पर एक सकारात्मक भाव ही प्रेरित करता है। हिंसा की परिभाषा करते हुए जोहन गाल्जंग कहते हैं कि 'मानवीय आत्मसिद्धि में कोई भी निवारणीय अवरोध हिंसा है।'[१] कहा जा सकता है कि ऐसे किसी भी अवरोध का होना अहिंसा है और इन अवरोधों को मिटाने का प्रयास अहिंसक व्यवहार है। हिंसा–अहिंसा की ये अवधारणाएँ कुछ विचारकों को केवल मानव–केन्द्रित लग सकती हैं—बल्कि स्वयं गाल्जंग हिंसा की अपनी अवधारणा मानव–केन्द्रित होने के इस आक्षेप को सहज ही स्वीकार भी कर लेते हैं।[२] लेकिन 'मानवीय आत्मसिद्धि' पद पर कुछ गहराई से विचार करने पर इस आक्षेप का सहज ही निराकरण भी हो जाता है। यह लग सकता है कि (गाल्जंग की परिभाषा मानवेतर जगत के प्रति) हिंसा की अवहेलना या अनदेखी कर रही है। लेकिन, जब गाल्जंग मानवीय आवश्यकताओं की अपनी सूची में भौतिक और भावात्मक आवश्यकताओं का उल्लेख करते हुए प्रकृति से सहज मिलन और उसके साथ सहभागिता को भी उनमें शामिल करते हैं[३], तो यह स्पष्ट हो जाता है कि गाल्जंग की

---

१. गाल्जंग, जोहन, वायलेंस एण्ड इट्स कॉजेज, पृ. ८४; यूनेस्को; १९८१
२. वही, पृ. ८४
३. वही, पृ. ८९

व्याख्या प्रकृति के प्रति हिंसा को भी अनुचित ठहरा देती है। भाव-हिंसा को जैन-दर्शन द्रव्य-हिंसा से भी बड़ा पाप मानता है और यदि भाव हिंसक हैं तो 'आत्मसिद्धि कैसे सम्भव है?

अहिंसा अपनी सकारात्मकता के कारण केवल भाव नहीं बल्कि क्रिया अथवा आचरण भी है और इस भाव की सिद्धि भी भावात्मक के साथ-साथ आचरणगत ही हो सकती है। इसका तात्पर्य यह भी होता है कि अन्य के प्रति—जिसमें मानवेतर भी सम्मिलित है—अहिंसक होना या उन्हें चोट न पहुँचाना तो आवश्यक है ही; साथ ही, मानवेतर के प्रति भी कल्याण का भाव और उसके लिए प्रयत्नशील होना न केवल मानवेतर के लिए बल्कि मानव की अपनी आत्मसिद्धि के लिए भी अनिवार्य है। क्या इसे यों भी कहा जा सकता है कि अहिंसा ही वह अनुभूति और प्रक्रिया है, जिसके माध्यम से हम अपनी आत्मसिद्धि करने में समर्थ हो पाते हैं।

संस्कृति मानव-जाति के अनवरत आत्म-सृजन की प्रक्रिया है। अपनी सृजनात्मकता का निरन्तर उत्कर्ष ही 'मानवीय आत्मसिद्धि' है और उसके मार्ग में उत्पन्न अनेक 'निवारणीय अवरोधों' को दूर करना ही वैयक्तिक ही नहीं, सांस्थानिक अर्थात् सामाजिक-आर्थिक-राजनीतिक संस्थानों का लक्ष्य और आचरण होना चाहिए। केवल तभी वे अपने को वास्तविक अर्थों में नैतिक या अहिंसक कह सकते हैं। जीवन मात्र के, अस्तित्व मात्र के प्रति लगाव, प्रेम, करुणा, अनुकम्पा का भाव और उनका सूक्ष्मतर बोध अहिंसा के भाव की ही गुणाभिव्यक्तियाँ हैं। जैन-ग्रन्थ 'प्रश्न-व्याकरण सूत्र' में अहिंसा के साठ पर्याय दिये गये हैं, जो उसे जीवन के केन्द्रीय भाव के रूप में प्रतिष्ठित करते हैं। जीवन की सृजनात्मक प्रक्रिया में एक आत्मचेतन एवं सक्रिय भागीदार होने के नाते ही मनुष्य को मूल्य-स्रष्टा कहा गया है। संस्कृति का आधार किसी समाज का मूल्यबोध और उसकी कसौटी उसका आचरण है। यदि संस्कृति मूल्य-दृष्टि और मूल्यानुभूति है तो वह सार्वभौम है और तब उसे देश, भाषा, धर्म-सम्प्रदाय आदि की सीमाओं में बाँट कर देखने की एक सीमित उपयोगिता ही हो सकती है क्योंकि मूल्यगत प्रक्रिया होने के नाते वह सनातन और सार्वभौम है। यदि उसके बाह्य स्वरूपों में कोई भिन्नता दिखायी भी देती है तो वह सन्दर्भगत है। लेकिन उस सन्दर्भगत रूप को एकमात्र वैध रूप मान लेना प्रकारान्तर

से संस्कृति की मूल अवधारणा का ही विरोध करना है। संस्कृति को अक्सर किसी भाषा या धर्म-सम्प्रदाय या देश-प्रदेश के साथ जोड़कर देखा जाता रहा है। ऐसा यदि एक मूलभूत संस्कृति के सन्दर्भगत और परिवेशगत विविध स्वरूपों को समझाने के लिए किया जाय तो कुछ सीमा तक अध्ययन की दृष्टि से उसकी उपयोगिता हो सकती है और उसके माध्यम से यह देखा जा सकता है कि मानवीय सृजनात्मकता परिवेशगत विविधता में अपने को कैसे विकसित कर पाती है। लेकिन, इस विभाजन को आत्यन्तिक नहीं माना जा सकता। किसी ज़माने में संस्कृति की चर्चा, अधिकांशतः, धर्मपन्थों से जोड़कर की जाती थी। फिर यह चर्चा राष्ट्र के साथ जोड़कर की जाने लगी—यद्यपि राष्ट्र का आधार भी भाषा, धर्मपन्थ या नस्ल आदि ही माना गया। किसी एक भाषा, सम्प्रदाय, नस्ल या रीति-रिवाजों के एक सूत्र में बँधा मानव-सम्प्रदाय ही एक राष्ट्र माना गया, जिसके आधार पर ही राष्ट्र-राज्य और उस राजनीतिक राष्ट्रवाद का दर्शन अनन्तर विकसित हुआ, जिसे डॉ. सर्वपल्ली राधाकृष्णन् जैसे विचारक कोई 'स्वाभाविक सहज' नहीं बल्कि 'कृत्रिम भावुकता द्वारा अधिगत' वृत्ति मानते हैं, जो केवल 'स्वहित, भौतिक लोभ और प्रभुत्व की लालसा' को अपना आदर्श मानती है और जिसके कारण हम एक राष्ट्रवादी आवेश के शिकार होकर राष्ट्रहित के नाम पर 'नीचता, पाशविकता और हिंसा को भी बिल्कुल साधारण वस्तु समझने लगते हैं।'[१] रवीन्द्रनाथ टैगोर और एम.एन. राय जैसे परस्पर विरोधी तत्त्व मीमांसाओं को अपनी मूल्य मीमांसा का आधार मानने वाले विचारक भी एक राजनीतिक दर्शन के रूप में राष्ट्रवाद को त्याज्य मानते हैं। लगता यह है कि यदि संस्कृति की बात पूरी मानव-जाति की एकता—बल्कि जीवन मात्र के एकत्व—के सन्दर्भ में नहीं की जाती है और हमारा ध्यान स्वरूपगत भिन्नताओं के कारण अलगाववादी अस्मिता-विमर्श पर आधारित विरोध को पुष्ट करते रहने के बजाय प्रकृतिगत एवं स्वाभाविक बुनियादी एकता के सन्दर्भ में संस्कृति को समझने की ओर नहीं जाता है तो यह सांस्कृतिक विकास की प्रक्रिया में एक ऐसी ऐतिहासिक विसंगति की ओर से आँखें मूँद लेना होगा, जिसके परिणाम पूरी मानव-जाति को भुगतने होंगे।

पं. हजारीप्रसाद द्विवेदी कहते हैं कि वस्तुतः, संस्कृति सर्वत्र एक है

१. राधाकृष्णन्; धर्म और समाज, पृ. ९-११; राजपाल एण्ड संस, दिल्ली; १९६३

क्योंकि मनुष्य का मन सर्वत्र एक है और उसे किसी देश-विशेष या जाति-विशेष की अपनी मौलिकता नहीं माना जा सकता है।'[१] डॉ. राधाकृष्णन् भी यही कह रहे होते हैं, जब वह पूर्व और पश्चिम के विभाजन के सन्दर्भ में उनकी कुछ ख़ास विशेषताओं को स्वीकार करते हुए यह भी स्पष्ट करते हैं कि 'वस्तुतः मन और आत्मा की ऐसी कोई भी विशेषताएँ नहीं हैं, जो अनन्य रूप से किसी एक की जाति की बपौती हो।' विविध संस्कृतियों के सापेक्ष भेद को स्वीकार करते हुए उनका कहना है कि 'कट्टर सिद्धान्तवादी और संकीर्ण राष्ट्रवादी भेद इसलिए करते हैं कि वे विभाजन कर सकें, जबकि सत्य का अन्वेषक इसलिए विभाजन करता है कि वह वस्तुओं में भेद कर सके।'[२]

लेकिन इस बात से भी इनकार नहीं किया जा सकता है कि किसी एक जातीय संस्कृति के संस्कार किसी दूसरी जातीय संस्कृति के संस्कारों से एकदम उलट पड़ते हों। प्रत्येक संस्कृति सत्य को जिस रूप में देखती है, कोई दूसरी संस्कृति उसे बिल्कुल भिन्न रूप में भी देख सकती है और हर कोई अपने सत्य के ही अन्तिम या विश्वजनीन सत्य होने का दावा कर सकता है। धर्मपन्थ तो, अधिकांशतः, ऐसा करते ही हैं। ऐसी स्थिति में किसे स्वीकार्य या वरेण्य माना जाय? इस सवाल के उत्तर की तलाश में हजारीप्रसाद द्विवेदी एक सूत्र का आविष्कार करते हैं कि 'सम्पूर्ण सत्य अविरोधी होता है।' वह यह तो स्वीकार करते हैं कि प्रत्येक देश या धर्म या जाति आदि अपनी विशेष परिस्थिति में कुछ प्रयत्न करते हैं, लेकिन प्रत्येक प्रयत्न एक-दूसरे का विरोधी नहीं बल्कि पूरक होता है क्योंकि प्रत्येक प्रयत्न का प्रयोजन और सार्थकता इसमें है कि वह मनुष्य के सर्वोत्तम को किस हद तक प्रकाशित कर सकता है।[३] जाहिर है कि यहाँ सन्दर्भ मनुष्य-जाति के सर्वोत्तम का है, किसी विशेष व्यक्ति या व्यक्ति-समूह का नहीं। दरअसल, अविरोध की साधना ही संस्कृति की साधना है, जो हमारे व्यवहार या सांस्थानिक प्रक्रियाओं में अहिंसा के रूप में प्रतिफलित होता है। विरोध भेद-बुद्धि से पैदा होता है और अविरोध

---

१. द्विवेदी, हजारीप्रसाद, ग्रन्थावली-खण्ड ९, पृ. १९९-२००; राजकमल प्रकाशन, दिल्ली

२. राधाकृष्णन्; धर्म तुलनात्मक दृष्टि में, पृ. ३९; राजपाल एण्ड संस, दिल्ली; १९६३

३. द्विवेदी, हजारीप्रसाद; वही, पृ. २०६

अभेदानुभूति से। इस अविरोध की प्रक्रिया और दिशा द्विवेदी जी के शब्दों में 'सर्वभूत के आत्यन्तिक हित या कल्याण की वृत्ति' है और सत्य और अहिंसा भी इसलिए धर्म नहीं हैं कि वे सत्य और अहिंसा है, बल्कि इसलिए कि प्राणि मात्र का कल्याण होता है।[१]

इसलिए सवाल यह है कि संस्कृति के देशकालबद्ध वैशिष्ट्य की पहचान जिस प्रकार उसकी मूल्य-चेतना के विशिष्ट स्वरूप के सन्दर्भ में की जाती है, उसी प्रकार उसके सार्वभौम और सनातन रूप की पहचान के लिए भी क्या किसी सनातन और सार्वभौम सत्य और उससे प्रसूत मूल्यबोध का अन्वेषण किया जा सकता है। क्या मानव-चेतना का इतिहास किसी सनातन मूल्य के अन्वेषण की प्रक्रिया का कोई साक्ष्य प्रस्तुत करता है? वह मूल्य क्या है और उसकी अभिव्यक्ति विविध देश-कालागत सन्दर्भों में किस प्रकार सम्भव हुई है? क्या मनुष्य के सांस्कृतिक इतिहास को इस मूल्यान्वेषण की प्रक्रिया के सन्दर्भ में समझा जा सकता है? क्या अहिंसा को उसके सूक्ष्म और व्यापक अर्थ में ऐसा मूल्य माना जा सकता है,जिसे सभी संस्कृतियों के नीति-दर्शन में स्वीकार किया गया है?

नीति-मीमांसा अथवा मूल्य-मीमांसा का सम्बन्ध जीवन के प्रयोजन और उसकी सिद्धि की प्रक्रियाओं से है। लेकिन उसका आधार तत्त्व-दर्शन में होता है, यद्यपि जॉन रॉल्स जैसे कई विचारक नीति-दर्शन के लिए तत्त्वमीमांसीय आधार को आवश्यक नहीं मानते। रॉल्स स्वयं समाज में न्याय की वांछनीयता को प्रतिपादित करते और उसकी प्रक्रियाओं पर भी विचार करते हैं। लेकिन, जब वह न्याय को वांछनीय मानते हैं तो उसके लिए उनके तर्क मानव मात्र की सम्भव समानता और स्वतन्त्रता को मानवीय जीवन की तात्त्विकता के रूप में स्वीकार कर रहे होते हैं—चाहे प्रकारान्तर से ही सही। मानव-मात्र की स्वतन्त्रता और समानता ऐसी अवधारणाएँ हैं, जो केवल काल्पनिक आदर्श नहीं बल्कि मानव-मनोविज्ञान से प्रसूत होती हैं, जिसका प्रमाण इतिहास की प्रक्रिया और मनोवैज्ञानिक शोध से भी होता है। सभी महाआख्यानों के अवसान की घोषणा करनेवाला विरचनावाद अथवा विखण्डनवाद भी अन्ततः न्याय के आख्यान को

१. वही, पृ. ३१७

अपनी कसौटी के रूप में स्वीकार करता है। क्या अपने सूक्ष्य अर्थों में न्यायमय समाज और अहिंसक समाज के बीच किसी वास्तविक तात्त्विक खाई की सम्भावना हो सकती है?

लेकिन, तत्त्व-मीमांसा अथवा तत्त्व-ज्ञान एक ऐसी स्थिति है, जिसके लिए किसी-न-किसी प्रकार की ज्ञान-प्रक्रिया अर्थात् ज्ञान-मीमांसा की ज़रूरत पेश आती है। सत्य या तत्त्व क्या है, इसे कोई कैसे जानता है, इसे जाने बिना उसके सत्य होने के दावे को कैसे स्वीकार किया जा सकता है? अर्थात् सत्य के दावे को कैसे प्रमाणित किया गया है? उस दावे के प्रमाण क्या हैं?

इसलिए यदि अहिंसा को एक सांस्कृतिक मूल्य के रूप में प्रतिपादित करना हो तो उसके लिए हमें पहले उसकी आधारभूत तत्त्वमीमांसा और ज्ञानमीमांसा के आधार पर उसे समझना होगा और यह भी देखना होगा कि विविध तत्त्वमीमांसाएँ क्यों और कैसे अहिंसा को एक केन्द्रीय मूल्य की हैसियत में प्रतिष्ठित करती हैं।

ज्ञान के प्रमाण के रूप में मुख्यतः प्रत्यक्ष, अनुमान और शब्द (आप्त वचन,जैसे वेद, बाईबिल, कुरान आदि) को स्वीकार किया जाता है। प्रत्यक्ष के भी दो प्रकार माने गये हैं : सेन्द्रिय प्रत्यक्ष और अतीन्द्रिय प्रत्यक्ष। सभी भौतिकवादी दर्शन सेन्द्रिय तथा अभौतिकवादी दर्शन अतीन्द्रिय प्रत्यक्ष जैसे—ध्यान, समाधि, ईश्वरीय सन्देश, अन्तःप्रज्ञा आदि के आधार पर विकसित हुए हैं। विज्ञानसम्मत दर्शनों का आधार सेन्द्रिय प्रत्यक्ष रहा है। यन्त्र भी आख़िर ऐन्द्रिय शक्ति का विस्तार ही तो है।

इसलिए, अहिंसा को सभी संस्कृतियों के एक केन्द्रीय मूल्य के रूप में प्रतिपादित करने के लिए यह देखना होगा कि ज्ञान के तीनों प्रमाणों पर आधारित विविध तत्त्वमीमांसाएँ किस तरह उसके लिए अलग-अलग तात्त्विक आधार प्रस्तुत करती हुई भी उसके एक सांस्कृतिक मूल्य होने के दावे को समर्थन देती है। यहाँ यह भी स्मरणीय है कि धर्म यद्यपि अतीन्द्रिय प्रत्यक्ष के आधार पर विकसित हुए हैं, लेकिन कई विचारक उनके पीछे भी एक वैज्ञानिक जिज्ञासा देखते हैं। जेम्स फ्रेजर जादू-टोने, धर्म और विज्ञान को मानव-चेतना के विकास के विविध सोपानों के रूप में देखते हैं। उनके अनुसार प्रकृति की व्याख्या के विकास के साथ विज्ञान

धर्म की जगह ले लेता है।[1] नवमानववादी विचारक एम. एन. राय भी यही कहते हैं कि 'किसी दार्शनिक उद्देश्य की पूर्ति करने तक धर्म भी एक बौद्धिक और नैतिक आवश्यकता है। धर्म का दार्शनिक मूल्य उसके तर्कबुद्धिवादी बीजकोष में है...अति-प्राकृतिक में विश्वास के लिए विवश करनेवाली परिस्थितिगत प्रतिकूलताओं से उबरते ही मनुष्य विचार की धार्मिक पद्धति का अतिक्रमण करने को बाध्य है।'[2]

महात्मा गाँधी जब 'ईश्वर सत्य है' की जगह 'सत्य ईश्वर है' कहते हैं तो वह एक प्रकार से सेन्द्रिय और अतीन्द्रिय के बीच एक समन्वय जैसा प्रस्तावित करते हैं क्योंकि तब ईश्वर कोई व्यक्तिवाचक संज्ञा का अतिक्रमण करता हुआ वह सम्पूर्ण अस्तित्व और उसका नियम हो जाता है। उनके अपने शब्दों में : ''मैं ईश्वर को साकार नहीं मानता। मेरी दृष्टि में सत्य ही ईश्वर है और ईश्वरीय नियम तथा ईश्वर कोई ऐसी अलग चीज़ें नहीं हैं, जैसे कि कोई लौकिक राजा और उसका क़ानून होते हैं। ईश्वर एक विचार है, स्वयं नियम है, इसलिए इस बात की कल्पना नहीं की जा सकती है कि ईश्वर स्वयं नियम को तोड़ेगा।''[3]

इसलिए ज्ञानमीमांसा के तत्त्वमीमांसा और मूल्यमीमांसा से गहरे सम्बन्धों को देखते हुए अहिंसा के तत्त्वमीमांसीय और ज्ञानमीमांसीय आधारों पर विचार उपयोगी होगा। केवल यही नहीं है कि मूल्यमीमांसा को ज्ञानमीमांसा प्रभावित करती है, बल्कि एक दर्शनशास्त्री के अनुसार तो मूल्यानुकूल आचरण भी ज्ञान-प्रक्रिया को प्रभावित करते हैं। जहाँ ज्ञान एक अच्छे नैतिक जीवन के लिये साधन बनता है तो वहीं नैतिक पवित्रता भी ज्ञान-प्राप्ति के लिये अनिवार्य हो जाती है और इस प्रकार नैतिकता और ज्ञान दोनों पूर्णता के अविभाज्य पहलू हो जाते हैं।[4]

यह देखना इसलिए ज्ञानवर्धक होगा कि अनुचिन्तनात्मक दार्शनिक प्रणालियाँ और विज्ञानसम्मत तर्क निर्धारित दार्शनिक प्रणालियाँ दोनों ही किन

---

१. फ्रेजर, जेम्स; दि गोल्डन बाऊ (संक्षिप्त संस्करण) पृ. ७११-१२; मैकमिलन; १९४७
२. राय, एम.एन.; विज्ञान और दर्शन, पृ. १३; वाग्देवी प्रकाशन, बीकानेर; १९९९
३. गाँधी, महात्मा; हरिजन, पृ. ५५; २३.३.१९४०
४. दत्त, धीरेन्द्र मोहन; कल्चरल हेरिटेज ऑफ़ इण्डिया-खण्ड-३, पृ. ५४८; रामकृष्ण मिशन कोलकाता; १९६९

ज्ञानमीमांसात्मक आधारों से प्रसूत तत्त्वमीमांसाओं के आधार पर अहिंसा को मानव-अस्तित्व के नियम—या कहें कि धर्म—के रूप में प्रस्तावित करती हैं।

जीवन का आत्मचेतन मनुष्य रूप में विकास जहाँ एक विशिष्ट देश-प्रदेश से सापेक्ष है, वहीं वह सम्पूर्ण पृथ्वी-मण्डल और सौर-मण्डल में अपनी अवस्थिति से भी सापेक्ष है। इसलिए जैसे एक देश-प्रदेश में बद्ध मानव-समूह एक सांस्कृतिक इकाई के रूप में देखा जा सकता है, वहीं पृथ्वी मण्डल पर उपस्थित समस्त मानव-समूह ही नहीं, जीवन-मात्र तथा उसकी पृष्ठभूमि में उपस्थित सम्पूर्ण वस्तु-जगत को भी एक सर्जनात्मक प्रक्रिया में संलग्न अस्तित्व की तरह देखा जाना पूर्णतया संगत हो सकता है।

अहिंसा मानव-जीवन ही नहीं, समस्त मानवेतर जगत के एकत्व के बोध से प्रसूत मूल्य है। देखना चाहिए कि विभिन्न चिन्तन-धाराएँ इस एकत्व की तात्त्विकता किस प्रकार प्रतिपादित करती और इसकी आचरणगत प्रक्रियाओं पर कैसे विचार करती हैं।

अहिंसा की तत्त्वमीमांसा : धर्म-दर्शन

मूल्यान्वेषण की प्रक्रिया होने के नाते स्वाभाविक ही संस्कृति में धर्म की महत्त्वपूर्ण भूमिका रही है। मूल्य वह है जो जीवन को मूल्यवान् बनाता है और जीवन का मूल्यवान् होना जीवन के प्रयोजन का पूरा होना है। अत: जीवन के प्रयोजन की जिज्ञासा मूल्य-चेतना के विकास का प्रारम्भिक चरण है। मनुष्य के लिये क्या करणीय है, इस सवाल का उत्तर पाने के लिये उसका अपनी अवस्थिति को समझना पूर्व शर्त है। धर्म मनुष्य की इसी जिज्ञासा के समाधान का प्रयास है। मानव विज्ञानी तो धर्म को एक प्रकार का 'मिथ्या विज्ञान' मानते हैं तथा जादू-टोने को भी उसके प्रारम्भिक रूप की तरह शामिल करते हैं। धर्म की उत्पत्ति अपने अस्तित्व और उसके प्रयोजन के बारे में मनुष्य की जिज्ञासा के समाधान का अनुचिन्तनात्मक प्रयास है। फ्रायड जैसे मनोवैज्ञानिक धर्म की उत्पत्ति मनुष्य द्वारा अपने रक्षक की कामना में देखते हैं, जिसका आभास ईश्वर की अवधारणा से होता है, जिसे सभी के पिता या रक्षक या न्यायकर्ता के रूप में समझा जाता है।[१] धार्मिक आचरण ही तब मूल्य बन जाता है और उसका तात्पर्य होता है ईश्वर की इच्छा या आदेश के अनुरूप आचरण। धर्मानुयायियों का विश्वास होता है कि इस आदेश या इच्छा की जानकारी उन्हें किसी पैगम्बर या आप्त व्यक्तित्व (ऋषि, सन्त आदि) के माध्यम से होती है। लेकिन कुछ ऐसे धर्मों का भी विकास हुआ है, जो ईश्वर—और कभी-कभी आत्मा की भी अवधारणा में विश्वास नहीं करते। वे ईश्वर के अभाव में समूची सृष्टि-प्रक्रिया को समझने और उस प्रक्रिया के आधार पर बरामद मूल्यों के अनुसार जीवनयापन को धार्मिक आचरण की संज्ञा

---

१. फ्रायड, सिग्मंड; दि फ्यूचर ऑफ़ एन इल्यूज़न, पृ. ५२; ऐगार्थ प्रेस, लन्दन; १९२८

देते हैं। वैज्ञानिक जानकारी की प्रामाणिकता के अभाव में सृष्टि-प्रक्रिया की उनकी अवधारणा अनुचिन्तनात्मकता—ध्यान आदि—का परिणाम होती है और वे भी अपने ध्यानप्रसूत ज्ञान के आधार पर जीवन के प्रयोजन और उसके अनुकूल आचरण का निर्देश करते हैं।

यहाँ यह सवाल उठ सकता है कि इस प्रकार के ध्यानप्रसूत ज्ञान में विभिन्न व्यक्तित्वों या पैगम्बरों में अन्तर क्यों पाया जाता है। इस सवाल पर विचार करते हुए डॉ. देवराज का उत्तर है कि 'विभिन्न संस्कृतियाँ एक ही मानव प्रकृति की विभिन्न सृजनात्मक सम्भावनाएँ प्रकट करती हैं' और इसके साथ ही 'मनुष्यों के विभिन्न भौतिक परिवेश, उनके विभिन्न सामाजिक अनुभव, उनकी परम्पराओं की विभिन्नताएँ, जो उनकी प्रथाओं तथा रूढ़ियों में प्रतिफलित होती हैं, तथा उनके दूसरी जातियों से समर्पित होने के अवसर, ये सभी मानव-समाजों के विभिन्न जीवन-रूपों का स्वरूप निर्धारित करते हैं।' धार्मिक जिज्ञासाओं और उनके समाधानों को यह प्रक्रिया प्रभावित करती है और इसीलिए 'इन धारणाओं और कल्पनाओं पर विभिन्न संस्कृतियों की छाप रहती है'—यद्यपि उनमें 'अनेक रूपों में आश्चर्यजनक समानता भी पायी जाती है।'[१]

ध्यान या अनुचिन्तन धर्म की ज्ञानमीमांसा है, जिसके आधार पर उसकी तत्त्वमीमांसा और मूल्यमीमांसा अथवा नैतिकी विकसित होती है। सभी प्रमुख धर्मों का अध्ययन इस नतीजे पर पहुँचता है कि अपनी तत्त्वमीमांसा में भिन्नता के बावजूद सभी धर्मों की नैतिकी में विस्मयकारी समानता है। दूसरे शब्दों में, इसका तात्पर्य यह है कि सृष्टि की उत्पत्ति और ईश्वर की अवधारणा में भिन्नता के बावजूद मनुष्य से जिस आचरण की अपेक्षा की जाती है, उसमें कोई आत्यन्तिक भेद नहीं है और इस आचरण की कसौटी अहिंसा है, जिसे प्रेम, करुणा, आनृशंस्य, अनुकम्पा, दया, क्षमा आदि विभिन्न नामों से व्यंजित किया गया है। अहिंसा पद को निषेधात्मक कहा जाता है, जो वह है भी, लेकिन अपनी अर्थव्याप्ति में वह पूर्णतया सकारात्मक है।

भारत कई धर्म-दर्शनों की जन्मभूमि रहा है। यद्यपि इसकी मुख्यधारा

---

१. देवराज, नन्दकिशोर; संस्कृति का दार्शनिक विवेचन पृ. ३१९-२१; प्रकाशन ब्यूरो, सूचना विभाग, लखनऊ, १९५७

आस्तिक अर्थात् वेदनिष्ठ धर्म-दर्शनों की रही है, किन्तु नास्तिक या वेदेतर धर्मों के विकास एवं व्यापकता की दृष्टि से भी भारत की भूमिका कम महत्त्वपूर्ण नहीं है। उल्लेखनीय यह है कि वेदनिष्ठ तथा अवैदिक दोनों ही प्रकार के धर्म-दर्शनों की नीतिमीमांसा में केन्द्रस्थ नैतिक मूल्य अहिंसा या उसका ही कोई पर्याय है।

वेदनिष्ठ धर्म-दर्शन से तात्पर्य उस चिन्तन से है, जिसकी जड़ें वैदिक चिन्तन में है, चाहे उसका विकास वैदिक चिन्तन से निकले अन्य धर्म-दर्शनों से भिन्न दिशा में ही हुआ हो—भिन्न किन्तु अविरोधी। इसीलिए सभी भारतीय दर्शनों की मूल्यमीमांसा के एक सामान्य सिद्धान्त का ज़िक्र करते हुए एम. हिरियन्ना कहते हैं कि 'भारतीय दृष्टिकोण के अनुसार व्यक्ति के कर्तव्य मानव-समाज तक ही सीमित नहीं हैं, बल्कि वास्तव में सम्पूर्ण चेतना सृष्टि के अन्दर फैले हुए हैं...जिन प्राणियों के अन्दर नैतिक चेतना का अभाव है, उनके चाहे कोई कर्तव्य न हों, पर इसका अर्थ यह नहीं है कि उनके लिए भी किसी का कोई कर्तव्य नहीं है। सभी प्राणियों के प्रति मैत्री का भाव रखने का यह आदर्श अहिंसा के सिद्धान्त में सबसे अच्छी तरह व्यक्त होता है।'[१]

उपनिषद-पूर्व वैदिक दर्शन की बात करते हुए उसकी यज्ञ-प्रधानता, बहुदेववादी होते हुए भी उसके एकेश्वरवाद अथवा एकवाद या एकैकवाद—हेनोथीइज्म—की चर्चा अक्सर की जाती है तथा 'एकम् सद् विप्रा बहुधा वदन्ति' को भी उद्धृत किया जाता है; लेकिन इस बात की ओर पर्याप्त ध्यान नहीं दिया जाता कि उसमें 'ईश्वर को प्रकृति से अतीत नहीं बल्कि प्रकृति में व्याप्त माना गया है। विश्व ईश्वर से उत्पन्न नहीं है बल्कि स्वयं ईश्वर है।'[२] यह विचार ईश्वर को सृष्टि का कारण नहीं, बल्कि सृष्टि में व्याप्त मानता है, जिससे सृष्टि के एकत्व का सिद्धान्त स्वयमेव ही प्रतिपादित हो जाता है। नासदीय सूक्त में भी कोई बाह्य स्रष्टा नहीं है, बल्कि उसमें भी 'दृश्य जगत के अनुभवातीत प्रथम कारण का स्वतः विस्तार' माना गया है।[३] इसका तात्पर्य यह होता है कि यह सृष्टि एकतत्त्वात्मक, या

१. हिरियन्ना, एम; भारतीय दर्शन की रूपरेखा, पृ. २०; राजकमल प्रकाशन दिल्ली; १९६५
२. वही, पृ. ४०
३. वही, पृ. ४२

सामान्य भाषा में, एकात्म है और इस कारण इसमें उपस्थित सबकुछ परस्पराश्रित एवं अन्तस्सम्बन्धित है अर्थात् हम सब अंग हैं और यह अस्तित्व या सृष्टि अंगी।

स्पष्ट है कि इस कारण यह अस्तित्व किसी-न-किसी एक ही नियम से संचालित है। चाहे अलग-अलग अंगों के सन्दर्भ में इस नियम की अभिव्यक्ति विविध-रूपा हो। वैदिक चिन्तन में उस नियम को ही 'ऋत' कहा गया है। 'ऋत' का शब्दार्थ है वस्तुओं की कार्यविधि। ऋत से तात्पर्य साधारणत: सब प्रकार के नियमों से है और न्याय के सर्वव्यापी भाव का भी यह द्योतक है...ऋत से तात्पर्य विश्व की व्याख्या से भी है। इस विश्व में प्रत्येक पदार्थ में जो व्यवस्था पायी जाती है, वह ऋत के ही कारण है।'[१] इसे 'त्रिकालाबाधित सत्यरूपी नियम' कहा जा सकता है।[२] स्पष्ट है कि यह अवधारणा भी जीवन ही नहीं, अस्तित्व मात्र के एकत्व को भी प्रकारान्तर से प्रतिपादित करती है, जो अहिंसा, प्रेम, करुणा, मैत्री आदि का वैदिक तत्त्वमीमांसीय आधार है।

अस्तित्व मात्र के एकत्व का यह बोध ही आगे चलकर उपनिषदों में गहराता है। सर्वेश्वरवाद और ऋत मिलकर ब्रह्म की अवधारणा में विकसित हो गये लगते हैं, जो सभी मानवीय और मानवेतर अस्तित्व में अभिव्यक्त होता है। ब्रह्म बाह्य और आन्तरिक का एकत्व है—मानव आत्म और बाह्य प्रकृति का। हिरियन्ना लिखते हैं : 'इस प्रकार विचार की दो स्वतन्त्र धाराएँ, जिनमें से एक मनुष्य के सच्चे स्वरूप को समझने की इच्छा का फल थी और दूसरी बाह्य जगत के सच्चे स्वरूप को समझने की इच्छा का फल थी, एक में मिल गयी और इसके फलस्वरूप उस एकता की खोज कर ली गयी, जिसकी जिज्ञासा दीर्घकाल से बनी हुई थी। भौतिक जगत, जोकि आत्मा के सिद्धान्त के अनुसार अनात्मा मात्र है, अब आत्मा में परिणत हो जाता है। इस प्रकार की दो बाह्य रूप में भिन्न किन्तु आन्तरिक रूप में समान धारणाओं का एक में मिल जाना उपनिषदों की शिक्षा की मुख्य बात है, जो 'तत्त्वमसि', 'अहं ब्रह्मास्मि' इत्यादि महावाक्यों या ब्रह्म-आत्मा, इस समीकरण में व्यक्त होती है। व्यक्ति और जगत दोनों एक ही तत्त्व की अभिव्यक्तियाँ हैं और इसलिए दोनों मूलत: एक हैं।

१. राधाकृष्णन्; भारतीय दर्शन-खण्ड एक, पृ. ६२, राजपाल एण्ड संस, दिल्ली; १९८६
२. वही,

दूसरे शब्दों में, प्रकृति और मानव के बीच अथवा इन दोनों और ईश्वर के बीच कोई व्यवधान नहीं है।"[1] जो भिन्नता दिखायी देती है, वह रामानुजाचार्य की शब्दावली का प्रयोग करें तो 'अपृथक भिन्नता' है, अर्थात् इस आभासित नानात्व की पृष्ठभूमि में एकत्व है, जिसकी अनुभूति ही जीवन का प्रयोजन है, धर्म है। अहिंसा इस एकत्व की अनुभूति का साधन-रूप धर्म है। बृहदारण्यक उपनिषद के अनुसार द्वैत का बोध सारे क्लेशों का मूल है, क्योंकि जो प्राप्तव्य है, वह प्राप्त करने वाले से अभिन्न है और इस द्वैत का अतिक्रमण कर सबकुछ के एकत्व की अनुभूति ही मोक्ष है, जो शाश्वत आनन्द की अवस्था है।[2] इसीलिए नानात्व का बोध, उपनिषदों के अनुसार, अविद्या है और यह "जैसे सैद्धान्तिक पक्ष में परिछिन्नता है, वैसे ही व्यावहारिक पक्ष में पाप है।"[3] हिंसा के विविध रूपों के पीछे स्वाग्रह अर्थात् अहंकार या अपने को अन्य से पृथक मानना है, जो एकत्व का खण्डन होने के कारण पाप है।

वेदनिष्ठ दार्शनिक चिन्तन में आगे चलकर विकसित षट्दर्शनों में अनेक भिन्नताओं के बावजूद अपृथकता के इस बोध को सदैव वरेण्य माना गया है। वेदान्त दर्शन में तो एकत्व के इस बोध की स्पष्ट केन्द्रीयता है, किन्तु न्याय-वैशेषिक और सांख्य-योग में भी पृथकता के बोध का अतिक्रमण ही वरेण्य है। "नैय्यायिक हमें कहता है कि हमें पृथकता के भाव को दबाये रखना चाहिए, क्योंकि उसके मत में ऐसे व्यक्ति की प्रवृत्ति, जो इन दोषों पर विजय पा लेता है, पुनर्जन्म का कारण नहीं होती।"[4] वैशेषिक दर्शन के अनुसार भी पृथकता का भाव वस्तुओं के यथार्थज्ञान के अभाव अर्थात् अविद्या के कारण पैदा होता है। सभी पदार्थ 'परमाणुओं के क्षणिक मिश्रण मात्र हैं' तथा 'आत्मा का यथार्थ स्वरूप इन सब देहधारी सत्ताओं से पृथक तथा भिन्न है तो हम यह जान लेते हैं कि सब आत्माएँ एक समान हैं'[5] और यह स्वार्थ-प्रेरणा का समाप्त हो जाना है, जो स्वार्थप्रेरित सभी कर्मों का भी अन्त है। इसीलिए यूई अपनी 'वैशेषिक फिलॉसफी' में वैशेषिक दर्शन में भी अहिंसा की केन्द्रीयता स्वीकार करते हैं क्योंकि

१. हिरियन्ना, एम; वही, पृ. ५३-५४
२. वही, पृ. ७३
३. वही, पृ. ७२
४. राधाकृष्णन्; भारतीय दर्शन-खण्ड दो, पृ. १३९; राजपाल एण्ड सन्स, दिल्ली; १९८९
५. वही, पृ. १९४

'विस्तृत अर्थों में अहिंसा ही धर्म है, और हिंसा अर्थात् सृष्टि के प्रति विद्वेष भाव अधर्म है।'[१] इसी प्रकार सांख्य-दर्शन भी पार्थक्य-भाव से प्रेरित होने के दर्शन भी पार्थक्य-भाव से प्रेरित होने के कारण ही जीवात्मा 'अपने साथ एकत्व-स्थापन' अर्थात् अपने वास्तविक स्वरूप को पाने में असफल होती रहती है। इसलिए ''नैतिक प्रक्रिया किसी नयी वस्तु का विकास नहीं है बल्कि केवल उसे खोज निकालना है, जिसे हम भूल गये हैं। अपने यथार्थ-स्वरूप में लौट आने का नाम ही मोक्ष है और उस जुए को उतार फेंकना है, जिसके अधीन जीवन ने अपने को कर रखा है। यह उस भ्रान्ति को दूर करना है, जो हमारे यथार्थ-स्वरूप को हमारी दृष्टि से छुपाये हुए हैं। इस प्रकार का ज्ञान कि 'मैं नहीं हूँ (नास्मि), 'मेरा कुछ नहीं है' (न मे), और 'अहंभाव नहीं है' (नाहम्) मोक्ष को प्राप्त कराता है।'[२] मोक्ष का एक तात्पर्य भी, सांख्य के अनुसार, भेदकारक ज्ञान का विलुप्त हो जाना है।[३] योग-दर्शन हमें उस प्रक्रिया का उपदेश देता है, जो हमें अपने सार-तत्त्व में प्रतिष्ठित करती है क्योंकि 'आत्मा के यथार्थ-स्वरूप को जान लेने का नाम ही मोक्ष है'[४] और इसके लिये जिन यमों-नियमों का प्रस्ताव योग-दर्शन करता है, उनमें अहिंसा को केन्द्रीय स्थान प्राप्त है।[५] योग शब्द का तो तात्पर्य ही पृथकता का अतिक्रमण कर समत्व भाव को उपलब्ध करना है।

वेदान्त-दर्शन की विविध शाखाएँ भी कई मसलों पर मत-वैभिन्य के बावजूद पृथकता के बोध को अविद्या का परिणाम मानते हुए, उपनिषदों पर आधारित होने के कारण अस्तित्व मात्र के एकत्व की अनुभूति को ही केन्द्रीयता देती है—चाहे एक का विश्वास निर्गुण ब्रह्म में हो और दूसरे का सगुण ब्रह्म या ईश्वर में, चाहे कहीं ज्ञान की केन्द्रीयता हो या कर्म अथवा भक्ति की। ईशोपनिषद् के इस कथन में सबकी समान आस्था है कि 'जो सब भूतों को आत्मा में और आत्मा को सब भूतों में देखता है, वह किसी से घृणा नहीं करेगा।' (श्लोक-६) जब शांकर वेदान्त यह मानता है कि यह जगत देशकाल के स्तर पर ब्रह्म का ही रूपान्तर है और इसका नानात्व

१. वही, पृ. १९३
२. वही, पृ. २६७
३. वही, पृ. २६९
४. वही, पृ. ३१३
५. वही, पृ. ३०३

हमारे स्तर पर है, स्वयं ब्रह्म के स्तर पर नहीं[१] तो वह प्रकारान्तर से इस नानात्व को भेद कर अपृथकता अथवा एकत्व को ही पारमार्थिक सत्य के रूप में स्थापित करते हैं। व्यावहारिक सत्य की सार्थकता पारमार्थिक सत्य का साधन बन जाने में ही है। रामानुज यद्यपि अचित् चित् और ईश्वर में से किसी को अवास्तविक नहीं मानते, लेकिन प्रथम दो को वह ईश्वर का ही शरीर मानते हैं। यदि जड़ द्रव्य की आत्मा अर्थात् ईश्वर से युक्त है[२], जिसे वह अपृथकसिद्ध सम्बन्ध मानते हैं, तो जीवन का प्रयोजन इस अपृथकता की सिद्धि ही हो जाता है। यही अस्तित्व मात्र के एकत्व का बोध है, जो हमारी नीतिमीमांसा का भी स्वयमेव सहज ही आधार बन जाता है।

वेदेतर जैन एवं बौद्ध दर्शनों की तो प्रसिद्धि ही उनकी अहिंसा-निष्ठा के कारण है—यद्यपि वेदनिष्ठ न होते हुए भी दोनों की तत्त्वमीमांसा पूरी तरह भिन्न है। दोनों ही यद्यपि किसी सृष्टिकर्ता ईश्वर या ब्रह्म जैसी किसी निर्गुण परम अस्तित्व की धारणा को स्वीकार नहीं करते, किन्तु जैन दर्शन जीव या आत्मा जैसे अस्तित्व को स्वीकार करता है, जबकि बौद्ध दर्शन नैरात्म्यवादी है। बुद्ध का दर्शन प्रत्यक्षवादी होने के कारण ऐसे किसी भी अस्तित्व को स्वीकार नहीं करता जो प्रत्यक्ष या तर्क द्वारा प्रमाणित न किया जा सकता हो। इसलिए बौद्ध दर्शन न केवल आत्मा जैसी किसी चीज़ का अस्तित्व नहीं मानता है, बल्कि प्रत्येक प्रत्यक्ष को भी कुछ घटकों का संघात मात्र मानता है। अतः, नैरात्म्य का सिद्धान्त केवल आत्मा के सन्दर्भ में ही नहीं लागू होता, बल्कि भौतिक जगत को भी व्याख्यायित करता है। 'आत्मा और भूतद्रव्य दोनों का केवल संघात रूप में अस्तित्व है।' इस धारणा को 'मिलिन्द पण्ह' में मीनेंदर और नागसेन के सम्वाद के माध्यम से स्पष्ट किया गया है, जिसमें यह समझाया गया है कि जैसे 'रथ' का उसके विविध घटकों से अलग कोई स्वतन्त्र अस्तित्व नहीं है, वैसे ही 'आत्मा' भी कुछ 'भौतिक और मानसिक घटकों में संघात का नाम मात्र है। अनुभव की एक भी वस्तु ऐसी नहीं है, जो घटकों से पृथक कोई सत्ता हो।'[३] बौद्ध दर्शन किसी कर्त्ता या आत्म को नहीं केवल कर्म या प्रक्रिया

---

१. वही, पृ. ४९६
२. हिरियन्ना एम; वही, पृ. ३९५
३. वही, पृ. १४२

की निरन्तरता को मानता है। इस प्रक्रिया का रुक जाना ही निर्वाण है। 'प्रतीत्यसमुत्पाद' अथवा आश्रित उत्पत्ति को सिद्धान्त में प्रथम कड़ी अविद्या है, अतः उसका मूलोच्छेद ही दुख-निरोध का उपाय हो सकता है और अविद्या मूल है अहं के मिथ्या भाव का। आत्म की संकल्पना के लिये बौद्ध दर्शन में कोई जगह नहीं है। तब इसका एक सहप्रमेय स्वयमेव ही यह हो जाता है कि वहाँ 'पर' के लिए भी कोई जगह नहीं हो सकती। जो है वह है। वह न आत्म है, न पर जबकि सभी प्रकार की हिंसा का भाव आत्म-पर के द्वन्द्व से उत्पन्न स्वार्थवृत्ति पर आधारित है। 'अपने आत्म में विश्वास करने के साथ ही हमें दूसरों के आत्माओं में भी विश्वास करना पड़ता है, जिससे संकीर्ण प्रेम और घृणा की एक पूरी शृंखला पैदा हो जाती है। आत्मा के निषेध से सभी स्वार्थपूर्ण प्रवृत्तियों का अनिवार्यतः लोप हो जाता है।'[१] बुद्ध की नीतिमीमांसा या साधना का रास्ता 'अष्टांग मार्ग'—सम्यक् दृष्टि से सम्यक् समाधि तक उस अविद्या के लोप का मार्ग है, जिसके लोप से आत्म और पर के भाव का लोप हो जाता है। जीवन की प्रत्येक कार्यशीलता में अहिंसा का आचरण इसी ओर ले जाने वाली प्रक्रिया है। उपनिषदों में अविद्या सत्ता की एकता का अज्ञान है, जबकि बौद्ध दर्शन में अविद्या का तात्पर्य है सत्ता के निःसत्य को न देख पाना। एक विचार के अनुसार यह निःसत्व अर्थात् 'शून्यता परमार्थ सत्य है तो महाकरुणा व्यवहार है।'[२]

जैन-दर्शन जीव या आत्मा को तो स्वीकार करता है, लेकिन किसी सृष्टिकर्ता को नहीं। सृष्टि में 'जीवों की संख्या अनन्त है और सब समान और नित्य है।'[३] जीव ज्ञानस्वरूप है। पुद्गल से सम्पर्क के परिणामस्वरूप उसकी महिमा छिप जाती है। जीवन का प्रयोजन पुद्गल के दुष्प्रभाव को मिटाकर जीव का पुनः अपनी पूर्ण अवस्था का अनुभव करना है, जिसे जैन-दर्शन में 'कैवल्य' कहा गया है। किसी भी प्रकार की हिंसा जीवों की समता के सिद्धान्त का उल्लंघन है, इसलिए पाप है। प्रसिद्ध जैन-ग्रन्थ 'आचारांग सूत्र' के अनुसार स्वयं महावीर द्वारा वनस्पति-जगत एवं अन्य जीवों के

---

१. वही, पृ. १४८

२. जोशी, डॉ. शिवनारायण; अहिंसा विश्वकोश (सं. नन्दकिशोर आचार्य), पृ. ५१७; प्राकृत भारती अकादेमी, जयपुर, २०१४

३. हिरियन्ना, एम; पृ. १५८

साथ मनुष्य की समानता का आख्यान किया गया है (१.६.११८)। इसी लिए आचार्य महाप्रज्ञ का यह कथन संगत लगता है कि वास्तविक सिद्धान्त तो समता है, अहिंसा उसकी सिद्धि का साधन है। हिरियन्ना का मत है कि जीव शब्द को प्राण-तत्त्व के रूप में ग्रहण करना अधिक सही होगा, यद्यपि आजकल इसका अर्थ वही है जो आत्मा का। जैन दर्शन में इसीलिए 'प्राणातिपात' को हिंसा या जीव-हत्या के अर्थ में प्रयुक्त किया गया है। इसी कारण यह माना गया है कि मृत्यु के समय जीव का विनाश न होकर दस प्रकार के प्राणों का विनाश होता है।

अनेकान्त का सिद्धान्त वैसे तो जैन ज्ञानमीमांसा का वैशिष्ट्य है, लेकिन अपनी फलश्रुति में वह भी अहिंसा का तत्त्वमीमांसीय आधार माना जा सकता है। इस सिद्धान्त के अनुसार, "हम किसी भी पदार्थ के विषय में निरुपाधिक या निश्चित रूप से स्वीकृतिपरक अथवा निषेधात्मक कथन नहीं कर सकते...प्रत्येक स्थापना केवल कुछ विशेष अवस्थाओं में अर्थात् परिकल्पित रूप में ही सत्य है।"[१] नयभेद के अनुसार सत्य का रूप बदल जाने के कारण किसी भी एक रूप पर आग्रह उचित नहीं कहा जा सकता। हिंसा स्वाग्रह से पैदा होती है, जबकि अनेकान्त अन्य के आग्रह के औचित्य को भी समझने पर जोर देता है क्योंकि अपना आग्रह भी समग्र सत्य नहीं बल्कि सत्यांश से ही उपजता है और नयभेद से अन्य के आग्रह में भी सत्यांश हो सकता है। अनेकान्त की फलश्रुति अनाग्रह की चेतना है[२], जो प्रकारान्तर से हिंसा के अनौचित्य तथा अहिंसा की वरेण्यता का स्वीकार है।

कई बातों में असमानता होते हुए भी सभी मसीही धर्मों की नीतिमीमांसा का आधार समान है। स्वर्ग से पृथ्वी पर मनुष्य का अवतरण उसके द्वारा ईश्वर की आज्ञा के उल्लंघन का दण्ड है। लेकिन, ईश्वर क्योंकि मनुष्य से प्रेम करता है, दयालु है और पुनः मनुष्य की चेतना को शैतानियत से मुक्त कर दैवीय बनाना चाहता है, इसलिए वह अपने पैगम्बर के माध्यम से मनुष्य के लिए सन्देश भेजता है कि किस प्रकार का आचरण अर्थात्

---

१. राधाकृष्णन्; भारतीय दर्शन-खण्ड एक, पृ. २४५; राजपाल एण्ड सन्स, दिल्ली; १९८६

२. महाप्रज्ञ, आचार्य; अहिंसा विश्वकोश, पृ. ६१; प्राकृत भारती अकादमी, जयपुर; २०१४

प्रायश्चित करने पर उसे पुन: स्वर्ग में प्रवेश मिल सकेगा। यहाँ यह समझने की भी आवश्यकता है कि वर्जित वृक्ष का फल चखने के परिणामस्वरूप जो ज्ञान मनुष्य को होता है वह भेदमूलक है। दूसरे शब्दों में, भेद की या अपने अन्य से अलग होने की धारणा पाप है। इसलिए इससे मुक्ति के लिए जो भी आचरण निर्देशित किया जाता है, उसका एक प्रयोजन इस भेद या पार्थक्य का अतिक्रमण कर सबकुछ की एकता को अनुभव करना है, जिसका व्यावहारिक रूप अन्य के प्रति प्रेम और अहिंसा का आचरण है।

ताओवाद भी किसी सृष्टिकर्ता को नहीं मानता। ताओ इस सृष्टि का और इसलिए सृष्टि के साथ होकर जीवन जीने का नियम है, कहा जा सकता है कि यह 'परम अनादि' है। यह शून्य से प्रसूत है, इसलिए शून्य ही इसका लक्ष्य है। इसी कारण इसकी कार्यप्रणाली को निष्कर्ष कहा जा सकता है, जिसमें सबकुछ स्वयं घटित होता है। शून्य को लक्ष्य मानने के करण इसका साधन शक्ति नहीं बल्कि कोमलता और विनम्रता है। कोमलता जीवन है, जबकि कठोरता मृत्यु। कह सकते हैं कि यह विचार क़ाफी हद तक बौद्ध विचार से मिलता है। प्रेम या अहिंसा कोमलता या विनम्रता का ही रूप है।[१]

वैदिक ऋत या ताओ की अवधारणा कुछ भिन्नता के बावजूद जरथुस्त्री धर्म में 'अशा' की अवधारणा से क़ाफी समानता रखती है। जरथुस्त्र के अनुसार परमात्मा से एकता ही सर्वोच्च लक्ष्य है और उस तक पहुँचने का मार्ग 'अशा' है, जिसके माध्यम से हम 'मस्तिष्क, हृदय और आत्मा की पवित्रता प्राप्त करते हैं।' परमेश्वर के प्रति प्रेम उसकी सृष्टि के प्रति स्वार्थरहित प्रेम के रूप में व्यक्त होता है। इसीलिए 'जरथुस्त्र धर्म का प्रेम पशु–जगत को भी अपने अंक में ले लेता है।'[२]

इस प्रकार हम देखते हैं कि तत्त्वमीमांसीय भिन्नता के बावजूद सभी मुख्य धर्मों की नीतिमीमांसा में अहिंसा को एक केन्द्रीय मूल्य के रूप में प्रतिपादित करती है और प्रत्येक तत्त्वमीमांसा उसे अपने तौर पर एक तात्त्विक आधार

१. वही, पृ. ५९८–५९९
२. राधाकृष्णन्; सत्य की ओर, पृ. १११; राजपाल एण्ड सन्स, दिल्ली; १९६३

देती है। कह सकते हैं कि भिन्न-भिन्न तत्त्वमीमांसाओं की नैतिक परिणति समान है, —चाहे वह ईश्वरवादी तत्त्वमीमांसा हो या निरीश्वरवादी, आत्मवादी हो या अनात्मवादी, द्वैतवादी हो या अद्वैतवादी। दरअसल जैसाकि डॉ. राधाकृष्णन् कहते हैं : 'विभिन्न दर्शन विभिन्न दृष्टिकोण हैं और उनका एक-दूसरे के प्रतिकूल होना आवश्यक नहीं है। वे आध्यात्मिक साधना के मार्ग पर संकेतचिह्न हैं। यदि धार्मिक सत्य भिन्न-भिन्न वर्गों को भिन्न-भिन्न रूपों में दिखायी पड़ता है, तो इसका मतलब अन्तिम सत्य के एक होने से इनकार करना नहीं है। यदि उच्चतर धर्मों में समानताएँ हैं तो अनेक अवसरों पर अनेक रूपों में ईश्वर की रहस्यमयी भावना के कार्यान्वयन की इन अभिव्यक्तियों का, जो एक पूर्ण इकाई में सबको बाँधकर रखती है, स्वागत किया जाना चाहिए।'[१]

यह भी सुखद है कि सभी धर्म 'अहिंसा' को केवल शाब्दिक अर्थात् अभिधात्मक अर्थ—दूसरों को शारीरिक हानि न पहुँचाना—तक ही सीमित नहीं करते। 'अहिंसा को एक निषेधात्मक आदर्श मात्र न मानकर कहीं अधिक माना गया है...यदि हम किसी व्यक्ति का उपकार कर सकते हैं, पर करते नहीं हैं तो हम वास्तव में उसको हानि पहुँचाते हैं।'[२] तात्पर्य यह कि वास्तविक अहिंसा सदैव अन्य के हित के लिए सचेष्ट रहने में है। हिरियन्ना ने अहिंसा की यह व्याख्या जैन धर्म के सन्दर्भ में की है, लेकिन वह वस्तुतः सभी धर्मों की अहिंसा की अवधारणा पर भी लागू होती है।

दुनिया की सभी संस्कृतियों में कुछ आधारगत खामियाँ दिखायी जा सकती हैं क्योंकि मनुष्य कहीं भी पूर्ण नहीं है। प्रत्येक संस्कृति मूल्य-साधना की प्रक्रिया है, जिसे उसकी मूल्य-प्रेरणा के सन्दर्भ में ही समझा जा सकता है क्योंकि इस साधना में उसकी असफलताओं का स्वीकार भी साधना की वांछनीयता को तो संकेतित करता ही है। इस दृष्टि से वैदिक धर्म-दर्शन के केन्द्रीय मूल्य के रूप में अहिंसा स्थापित होती है। *ऋग्वेद* में दया को प्रमुख कर्तव्य मानते हुए (१०:११७) किसी भी व्यक्ति का अनिष्ट करने को पापकर्म बताया गया है। वहाँ सम्पूर्ण सहजीवन की जो कामना की गयी है (१०.१९१.२-४), वह भी मानव जाति के एकत्व की धारणा का संकेत करती है। *सामवेद* में तो स्पष्टतः हिंसा न करने (१:२:९,२)

---

१. वही, पृ. १३९

२. हिरियन्ना, एम; वही, पृ. १६८

अथर्ववेद में सबके प्रति मैत्री भाव रखने (३६.१८) तथा पशु-पक्षियों के वध का निषेध करते हुए उनकी सेवा करने की बात कही गयी है। ब्राह्मण ग्रन्थों में मनुष्यों और मनुष्येतर प्राणियों के प्रति कर्तव्यपालन का आग्रह करते हुए पंचऋण तथा पंचमहायज्ञ की अवधारणा में मनुष्येतर जगत अर्थात् भूत ऋण और भूतयज्ञ को भी शामिल किया गया है। उपनिषदीय दर्शन तो स्पष्टतः सदाचार विश्लेषण में अहिंसा और दानशीलता को अत्यन्त महत्त्व देता है—(छान्दोग्य, ३:१७)। तैत्तिरीय उपनिषद में (१:११) श्रद्धापूर्वक दान का निर्देश दिया गया है।

हिन्दू धर्म के पौराणिक रूप में तो अहिंसा को धर्म ही घोषित कर दिया गया है। महाभारत अहिंसा को कहीं 'परम धर्म' तो कहीं 'सकल धर्म' घोषित करता है। *शान्ति पर्व* (अध्याय १६२) में सत्य के तेरह रूपों में न केवल अहिंसा की गणना की गयी है, बल्कि सभी रूप अहिंसा की ही विविध अभिव्यक्तियाँ दिखायी पड़ते हैं, जिसका अर्थ है सूक्ष्म स्तर पर अहिंसा और सत्य का एक हो जाना—जैसा हमारे युग में महात्मा गाँधी भी मानते हैं। *महाभारत* के *अनुशासन पर्व* में मांसाहार का निषेध करते हुए (अध्याय ११५-११६) हत्या के लिए पशु लाने, उसे मारने की अनुमति देने तथा मारने, ख़रीदने, बेचने, पकाने और खाने को पाप का समान भागी बताया गया है।

वामन पुराण में निर्देशित दशांग-धर्म (१४/१-२) में न केवल अहिंसा को सर्वप्रथम रखा गया है बल्कि अस्तेय, दान, शान्ति, दम, शम, अकृपणता आदि भी अहिंसा-भाव की ही अभिव्यक्तियाँ हैं। *विष्णु पुराण* में हिंसा को अधर्म की पत्नी और अन्य सब अधर्म रूपों को उनकी सन्तान बताया गया है (प्रथम भाग, अध्याय सात)। *पद्म पुराण* के अनुसार सारे धार्मिक कर्तव्य पूरे करने वाला व्यक्ति भी स्वर्ग को प्राप्त नहीं कर सकता यदि वह हिंसा करता है। अन्य पुराणों में भी अहिंसा को सर्वोच्च मूल्य माना गया है।

पुराणों में केवल निषेधात्मक अहिंसा का ही आग्रह नहीं है, बल्कि उसके सकारात्मक स्वरूप पर भी बल दिया गया है, जिसे *पूर्त* कहा जाता है। पूर्त का उल्लेख ऋग्वेद में भी मिलता है, लेकिन वहाँ इसका अर्थ स्पष्ट नहीं है। *अमरकोश* में पूर्त को कुएँ, तालाब आदि खुदवाने अर्थात् जनकल्याण के कार्यों के अर्थ में लिया गया है। *मार्कण्डेय पुराण*, *पद्म पुराण* एवं

स्कन्द पुराण में भी इन्हीं अर्थों में पूर्त का प्रयोग हुआ है। *वराह पुराण* तो यहाँ तक कह देता है कि पूर्त से मोक्ष तक की प्राप्ति सम्भव है (१७२-३३)। *भागवत पुराण* में कहा गया है कि मनुष्यों का स्वत्व केवल वहीं तक है, जितने से उनका पेट भरता है। जो व्यक्ति उससे अधिक को अपना कहता है वह चोर है, इसलिए दण्डनीय है (७/१४-१८)। इसे पढ़ते हुए प्रूदों का प्रसिद्ध कथन याद आ जाता है कि सभी प्रकार की सम्पत्ति चोरी है। *भागवत पुराण* के इस कथन पर टिप्पणी करते हुए डॉ. पी.वी. काणे इस पर आश्चर्य प्रकट करते हैं कि *भागवत पुराण* में वह संकेत मिलता है, जो आधुनिक समाजवादी सिद्धान्तों में परिलक्षित होता है।

वेदनिष्ठ अनुचिन्तनात्मक दार्शनिक सम्प्रदायों की तत्त्वमीमांसा भी जिस भौतिकी का आधार बनती है, उसमें भी अहिंसा को केन्द्रीय हैसियत प्राप्त है। न्याय-दर्शन में पृथकत्व के बोध से मुक्ति को परमश्रेय माना गया है क्योंकि हिंसादि सभी पाप-कर्म अपने पृथक होने के बोध से ही उत्पन्न होते हैं। इसलिए, अहिंसा सनातन कर्तव्य है। वैशेषिक दर्शन में भी अहिंसा सभी की हित-चिन्ता तथा क्रोध-वर्जन को अनिवार्य सनातन कर्तव्यों में शामिल किया गया है। मोक्ष के मार्ग में सबसे बड़ी बाधा अहम् भाव है, इसलिए *नास्मि* (मैं कुछ नहीं) *न मे* (मेरा कुछ नहीं) तथा *नाहम्* (अहं भाव का लोप) का बोध मोक्ष-प्राप्ति के लिए आवश्यक है। योग-दर्शन में नैतिक साधना पर अत्यधिक बल देते हुए अहिंसा, सत्य, अस्तेय, जितेन्द्रियता तथा अपरिग्रह के पालन का निर्देश दिया गया है तथा अन्य सब गुणों को अहिंसा में ही बद्धमूल माना है। अहिंसा का तात्पर्य है सभी प्रकार के द्वेषभाव से मुक्त होना। शंकराचार्य का अद्वैत वेदान्त अहिंसा का आग्रह करते हुए उसे योगी का मूल व्रत बताता है। *अध्यात्मपटल भाष्य* में शंकराचार्य नैतिक गुणों को ज्ञानाभिव्यक्ति के हेतु बताते हैं तथा अक्रोध, अहर्ष, अरोष, अमोह, अदम्य, अद्रोह, त्याग, आर्जव, मार्दव, शम, दम, अविरोध, अक्षुद्रता और आनृशंस्य की गणना योग में करते हैं। ये सब अहिंसा की ही गुणाभिव्यक्तियाँ हैं। वह अहिंसा की परिभाषा करते हुए उसे सर्वभूताहित का अविरोध कहते हैं—सर्वभूताविरोधलक्षणा अहिंसा। तात्पर्य यह कि सभी के कल्याण में रत होना ही अहिंसा है। ग़ौर करें तो पायेंगे कि यह जोहन गाल्जंग की हिंसा की परिभाषा की बिल्कुल उलट है।

मध्यकालीन सन्तों यथा कबीर, नानक, चैतन्य, तुलसीदास, दादू, पीपा आदि में भी अहिंसा के इस रूप को धर्म का लक्षण बताया गया है। तुलसी कहते हैं : 'परहित सरस धरम नहिं भाई/परपीड़ा सम नहिं अधमाई।' नानक सिख धर्म के संस्थापक हैं। वह मजलूमों के प्रति अत्याचार का निषेध करते हुए पशु-पक्षियों तक के प्रति हिंसा को भी उतना ही ग़लत मानते हैं, जितना मनुष्यों के प्रति हिंसा को। कबीर तो यहाँ तक कह देते हैं कि यदि जीव-हत्या करने वाले लोग धार्मिक हैं तो पापी कौन है। पीपा अहिंसा के आग्रह के कारण राज्य-त्याग कर देते हैं।

वेदेतर धर्म-दर्शनों में जैन धर्म अपनी अहिंसा-निष्ठा के कारण सर्वाधिक उल्लेखनीय है। जैन पंच-व्रतों में न केवल अहिंसा की गणना की गयी है—बल्कि प्रकारान्तर से वही सभी व्रतों का मूल है। जैन आगम *आचारांग सूत्र* में अहिंसा को शुद्ध, नित्य और शाश्वत धर्म बताते हुए जीव मात्र की समता को स्थापित कर निर्देश किया गया है कि किसी भी प्राणी, भूत, जीव और सत्त्व का हनन नहीं करना चाहिए, उन पर शासन नहीं करना चाहिए, उन्हें दास नहीं बनाना चाहिए, उन्हें परिताप नहीं देना चाहिए तथा उनका प्राण-वियोजन नहीं करना चाहिए (४/१-२)। महावीर वनस्पति-जगत तक की मनुष्य से समानता को स्थापित करते हुए कहते हैं, 'यह मनुष्य शरीर भी जनमता है, यह वनस्पति भी जनमती है। यह मनुष्य शरीर भी बढ़ता है, यह वनस्पति भी बढ़ती है। यह मनुष्य शरीर भी चैतन्ययुक्त है, यह वनस्पति भी चैतन्ययुक्त है। यह मनुष्य शरीर भी आहार करता है, यह वनस्पति भी आहार करती है। यह मनुष्य शरीर भी अशाश्वत है, यह वनस्पति भी अशाश्वत है। यह मनुष्य शरीर भी उपचित और अपचित होता है, यह वनस्पति की उपचित और अपचित होती है। यह मनुष्य शरीर भी विविध अवस्थाओं को प्राप्त होता है, यह वनस्पति भी विविध अवस्थाओं को प्राप्त होती है' (१/६/११८)। यह उल्लेखनीय है कि *द्रव्य हिंसा* के साथ-साथ जैन-नीति मीमांसा भाव-हिंसा का भी उल्लेख करती है तथा *भाव-हिंसा* को द्रव्य हिंसा से अधिक हेय मानती है क्योंकि द्रव्य-हिंसा तो अजाने या किसी विवशता का परिणाम भी हो सकती है, किन्तु भाव-हिंसा तो स्वैच्छिक है। यह भी ध्यातव्य है कि भाव-हिंसा प्रकारान्तर से आत्म-हिंसा भी है। जैन-दर्शन हिंसा के चार भेद करता हुआ आराभिकी, विरोधिकी और उद्योगिनी हिंसा की अपेक्षा संकल्पिनी हिंसा को सर्वाधिक

त्याज्य मानता है[१] क्योंकि जीवन जीने की अनिवार्यता, आत्मरक्षा या गृहस्थ की आजीविका हेतु जो हिंसा होती है, वहाँ कषाय नहीं होते। लेकिन इस प्रकार की हिंसा में भी अति स्वल्प जीव-वध होना चाहिए। जैन-दृष्टि के लिए भी अहिंसा हिंसा का अभाव मात्र नहीं है। *प्रश्नव्याकरण* में अहिंसा की समानार्थक शब्दावली के साठ नामों में मैत्री, करुणा, अनुकम्पा, दया, कल्याण, मंगल, शिव आदि जो नाम दिये गये हैं, उनका स्पष्ट तात्पर्य यही है कि अहिंसा एक सकारात्मक नैतिकी है, जिसका सम्बन्ध सर्वकल्याण से है। इस ग्रन्थ में अहिंसा का तात्पर्य (१-५) सब त्रस-स्थावर प्राणियों का कुशल करना बताया गया है। अतः, स्पष्ट है कि समर्थ होते हुए भी जो सर्वकल्याण की भावना से कार्य नहीं करता है, वह अहिंसा धर्म का पालन नहीं कर रहा है। अहिंसा का जैन तात्त्विक आधार समता है और समता का तात्पर्य जीव मात्र की समता है, जिसका आख्यान *आचारांग सूत्र* में स्वयं महावीर करते हैं और जिसके आयाम स्वतः ही स्वैच्छिक अपरिग्रह, अल्पउपभोग और पर्यावरणीय तथा पारिस्थितिकीय सन्तुलन में व्यंजित हो जाते हैं।

जैन-दर्शन से अपनी तत्त्वमीमांसा में लगभग विपरीत होते हुए भी बौद्ध दर्शन अपनी नैतिकी में उसके लगभग समान है। फ़र्क़ केवल यह है कि जैन-धर्म गृहस्थियों के लिए तो मध्यमार्गी हैं, पर मुनियों के लिए व्रतों का उसका आग्रह आत्यन्तिक है, जबकि बौद्ध धर्म भिक्षुओं के लिए भी मध्यम मार्ग की बात करता है। बौद्ध नैतिकी में भी अहिंसा को केन्द्रीय हैसियत प्राप्त है। दुखमुक्ति के लिए बुद्ध जिस अष्टांग मार्ग (सम्यक् दृष्टि, सम्यक्-संकल्प, सम्यक् वाक्, सम्यक् कर्मान्त, सम्यक् आजीव, सम्यक् व्यायाम, सम्यक् स्मृति और सम्यक् समाधि) का उपदेश करते हैं, उसमें वाक्, कर्मान्त और आजीव का सीधा सम्बन्ध अहिंसक व्यवहार से है तथा अन्य का बौद्धिक-भावात्मक जगत से मन, वचन और कर्म आजीविका सहित सम्यक् होने चाहिए अर्थात् उनसे किसी अन्य की कोई हानि अथवा उस पर आघात न हो। *जैन-आचारांग-सूत्र* में जिस प्रकार महावीर द्वारा वनस्पति-जगत तथा अन्य जीवों के साथ मनुष्य की समानता का निर्देशन किया गया है, उसी प्रकार *सुत्त-निपात* में मनुष्य एवं अन्य

---

१. जैन, कल्पना; अहिंसा विश्वकोश, पृ. ४१०-११; प्राकृत भारती अकादेमी, जयपुर; २०१४

प्राणियों के एक समान होने का उल्लेख करते हुए उनका वध करने-करवाने का निषेध किया गया है। कहीं-कहीं तो दोनों की भाषा भी समान है। त्रस और स्थावर जीवों की मन, वचन और कर्म से हिंसा न करने का निर्देश जिस भाषा में *उत्तराध्ययन सूत्र* में दिया गया है, लगभग उसी शब्दावली में *धम्मपद* भी यही निर्देश करता है। जैन नैतिकी में भाव-हिंसा और द्रव्य-हिंसा में जो भेद किया गया है, उसी प्रकार *धम्मपद* भी यही मानता है कि संकल्प या मानसिक विकार के बिना जो हिंसा हो जाती है, वह पापकर्म नहीं है क्योंकि उसमें मनोविकार न होने से वह संस्कार नहीं बनती।[१] बौद्ध नैतिकी में *ब्रह्म विहार* की अवधारणा का बड़ा महत्त्व है, जिसका तात्पर्य है मैत्री (सभी प्राणियों से प्रेम), करुणा (सबके प्रति निरपेक्ष दया), मुदिता (सबके, हानि पहुँचाने वाले तक के प्रति प्रसन्नतापूर्ण सहानुभूति) तथा उपेक्षा (रागभाव से मुक्ति)। मनोवैज्ञानिक स्तर पर ये सभी अहिंसा-भाव की ही अभिव्यक्तियाँ हैं। बौद्ध दर्शन क्योंकि 'आत्म' की अवधारणा में विश्वास नहीं करता, इसलिए वहाँ 'पर' का अस्तित्व नहीं है और हिंसा 'पर' के बोध के बिना सम्भव नहीं होती। 'पर' का बोध अविद्या का परिणाम है, जो सभी दुखों का मूल है, इसलिए अहिंसा वह भाव है जो, अविद्या के लोप का साधन है। अविद्या के लोप से ही दुखमुक्ति या निर्वाण सम्भव है।

मसीही धर्म-दर्शनों—यहूदी धर्म, ईसाइयत और इस्लाम—की नैतिकी में भी अहिंसा और उसकी समानार्थी अवधारणाओं को केन्द्रीय स्थान प्राप्त है—चाहे उनसे सम्बन्धित संस्थानों और उनके अनुयायियों का व्यवहार कई बार इस नैतिकी का उल्लंघन ही करता हो। यहूदी धर्म के *दस धर्मादेशों* में अन्तिम पाँच का साम्य योग-दर्शन और जैन-दर्शन में निर्देशित आचरण-व्रतों से देखा जा सकता है : (१) तुम हत्या नहीं करोगे, (२) तुम व्यभिचार नहीं करोगे, (३) तुम चोरी नहीं करोगे, (४) तुम अपने पड़ोसी के ख़िलाफ़ झूठी गवाही नहीं दोगे और (५) तुम लालच नहीं करोगे।

ईसाइयत की नैतिकी के केन्द्र में प्रेम है, जो अहिंसा का ही सकारात्मक रूप है। ईसाई भी दस धर्मादेशों में तो यक़ीन करते ही हैं, साथ ही वे यह

१. रिनपोचे, सामदोंग; वही, पृ. ४७६-७७

मानते हैं कि मानव-जाति के प्रति प्रेम के कारण ही ईश्वर ने अपने पुत्र ईसा को धरती पर भेजा, जिसने सबके प्रति प्रेम के कारण सलीब पर चढ़ने की सज़ा को स्वीकार किया। ईसा ने अपने को सज़ा देने वालों को भी क्षमा कर देने के लिए ईश्वर से प्रार्थना की। ईसाइयत न केवल मित्रों बल्कि अपने शत्रुओं से भी प्रेम करने का आग्रह करते हुए निर्देश देती है (मैथ्यू. ५.४३-४४) कि बुरे से भी बुरा व्यवहार न करो। यह उल्लेखनीय है कि बहुत से प्रारम्भिक ईसाइयों ने अपनी अहिंसा-निष्ठा के ही कारण रोमन सेना में शामिल होने से इनकार कर दिया था। ईसाई सिद्धान्तों के अनुसार किसी भी प्रकार के युद्ध में शामिल नहीं हुआ जा सकता था, इसलिए अनन्तर न्यायपूर्ण या उचित युद्ध (Just War) की अवधारणा का विकास हुआ। तोलिस्तोय जैसे ईसाई विचारक इसीलिए अपनी पुस्तक *लॉ ऑफ़ लव एण्ड लॉ ऑफ़ वायलेंस* में देशभक्तिवाद के नाम पर भी युद्ध में शामिल होने को अनुचित बताते हैं। ईसा का यह कथन तो प्रसिद्ध है ही कि यदि कोई दाहिने गाल पर थप्पड़ मारता है तो बायाँ गाल उसके आगे कर दो (मैथ्यू. ५. ३९)। क्षमा ईसाइयत में बहुत प्रतिष्ठित भाव है। अपने शिष्यों को ईसा का अन्तिम आदेश यही था कि एक-दूसरे को वैसे ही प्रेम करो, जैसे मैं तुमसे करता हूँ। अपने मित्रों के लिए सबसे महान प्रेम उनके लिए अपने जीवन का त्याग करना है (जान. १५.१३)। सामान्यत: अहिंसा के सन्दर्भ में इस्लाम का ज़िक्र कम ही किया जाता है—बल्कि यह विवाद बना रहा है कि उसकी शिक्षाएँ अहिंसा को समर्थन नहीं देतीं। इस सन्देह का कारण इस्लाम की बुनियादी नैतिकी के बजाय उसके अनुयायियों का राजनीतिक इतिहास अधिक रहा है। कुरान के अपने अध्ययन से महात्मा गाँधी और विनोबा जैसे अध्येता इसी निष्कर्ष पर पहुँचते हैं कि उसके उपदेश बुनियादी तौर पर अहिंसा के पक्ष में हैं। कुरान में अहिंसा को हिंसा से बेहतर बताया गया है। अहिंसा फ़र्ज़ है, जबकि हिंसा की इज़ाज़त ज़रूरत पड़ने पर अपवादस्वरूप ही दी गयी है। इस्लाम के मानने वालों में तलवार के प्रयोग के बारे में महात्मा गाँधी का कहना था कि यह कुरान के उपदेश के कारण नहीं, बल्कि वातावरण के कारण हुआ। ईसाई धर्म के सन्दर्भ में भी तो यही हुआ। इसी कारण तो अपने को ईसाई मानने वाले पश्चिमी समाज के बारे में उनका मत है कि यद्यपि वह ईसाई होने का दावा करता है, पर वहाँ न तो ईसाइयत है और न ही ईसा; अन्यथा वहाँ युद्ध नहीं होते। हिन्दू, जैन और बौद्ध धर्म को मानने

वालों में भी व्यावहारिक स्तर पर युद्ध और हिंसा के असंख्य उदाहरण मिल जाते हैं। एक ओर अशोक हैं तो दूसरी ओर कनिष्क और चंगेज़ ख़ाँ भी हैं, जो बौद्ध थे। हिन्दू और जैन शासकों की राजनीति में भी हिंसा और युद्ध के उदाहरण कम नहीं हैं, यद्यपि वैयक्तिक स्तर पर उन्हें धर्मनिष्ठ कहा जा सकता है।

इस्लाम में जिहाद की अवधारणा के सन्दर्भ में हिंसा-अहिंसा का विवाद सर्वाधिक रहा है लेकिन जिहाद का तात्पर्य दो धर्मानुयायियों में युद्ध नहीं है। जिहाद दो प्रकार के बताये गये हैं। पहले प्रकार के जिहाद को *अल-जिहाद-अल-अकबर* और दूसरे प्रकार को *अल-जिहाद-अल-असग़र* कहा गया है। जिहादे-अकबर बड़ा जिहाद माना गया है, जिसका तात्पर्य अपने अन्दर की बुरी प्रवृत्तियों के विरुद्ध संघर्ष करना है। जिहादे-असग़र छोटा जिहाद है, जो अत्याचार के ख़िलाफ़ संघर्ष है और उसमें भी हिंसा की इज़ाज़त आत्यन्तिक स्थिति में ही की गयी है, जब कोई अन्य उपाय न रहे। तात्पर्य यह कि जिहादे-असग़र एक अहिंसक जिहाद भी हो सकता है। इसमें भी लक्ष्य अत्याचार के विरुद्ध संघर्ष का है, न कि अन्य धर्मावलम्बी को मिटाना। इस्लाम के बुनियादी सिद्धान्तों में अदूल (न्याय), रहम (दया), सब्र (धैर्य) और हिक्मः (विवेक) है, जो सब अहिंसा की ओर संकेत करते हैं। ज़कात (दान) प्रत्येक मुस्लिम का धार्मिक फ़र्ज़ माना गया है। यदि ईश्वर को आदिल, रहीम आदि कहा जाता है तो यह अहिंसा के प्रति उसके रुझान को प्रकट करता है।

यह उल्लेखनीय है कि इस्लाम के सूफी मत में अहिंसा और उसके सकारात्मक रूप प्रेम (इश्क़) को केन्द्रीय महत्त्व दिया गया है। कुछ लोग सूफी मत को इस्लाम की केन्द्रीय धारा से विचलन मानते हैं, लेकिन बहुत से अध्येताओं की मान्यता है कि सूफीवाद के बीज कुरान और हदीस में ही मिल जाते हैं। इसलिए वे उसे इस्लाम की मूल धारा से विचलन नहीं मानते। सूफी साधना-पद्धति में जो विभिन्न सोपान बताये गये हैं, वे इस प्रकार हैं : तौबा (पश्चात्ताप), जुहद (धर्मनिष्ठा), तवक्कुल (ईश्वर में आस्था), फ़क्ऱ (ग़रीबी), ज़िक्र (ईश्वर का स्मरण), सब्र (धैर्य), शुक्र (कृतज्ञता), रिदा (सन्तोष), मोहब्बत और मारिफ़त (दैवी ज्ञान)। इन सभी सोपानों से मुजाहिद (आत्मत्याग) के माध्यम से गुज़रना होता है। तौबा, फ़क्ऱ, सब्र, शुक्र, मोहब्बत और मुजाहिद प्रकारान्तर से अहिंसा भाव

के ही विभिन्न रूप हैं। बहुत-से सूफी सन्तों तथा रूमी, शेख़ फरीद, अमीर ख़ुसरो, शाह लतीफ़, हमदुद्दीन नागौरी आदि ने तो स्पष्ट शब्दों में अहिंसा का समर्थन और कुछ ने मांसाहार के लिए जीव-वध का निषेध भी किया है। इस सन्दर्भ में अमीर ख़ुसरो और हमीदुद्दीन नागौरी का नाम विशेष रूप से लिया जा सकता है। रूमी पूरी सृष्टि के एकत्व में यक़ीन करता है और वह भी पैगम्बर के इस कथन को उद्धृत करते हुए कि मच्छर से हाथी तक सभी उसी के परिवार के सदस्य हैं। शेख़ सादी का कहना है कि यदि तुम दूसरे के दुख को महसूस नहीं कर सकते तो तुम आदम की सन्तान कहलाने के योग्य नहीं हो।

अहिंसा के सन्दर्भ में *ताओवाद* और *कनफ्यूशस* का उल्लेख अनिवार्य है। ताओ नैसर्गिक व्यवस्था में विश्वास का दर्शन है, जिसे भारतीय पदावली में *ऋत* कहा जा सकता है। *लाओत्से* इस ताओ में हस्तक्षेप अनुचित मानते तथा विनम्रता, सन्तोष, धैर्य, अपरिग्रह, अद्वन्द्व आदि ताओ की गुणाभिव्यक्तियों का आग्रह करते हैं। यह विस्मयकारी है कि वह *ताओ ते चिंग* में ईसा पूर्व छठी शताब्दी में निरस्त्रीकरण के महत्त्व को समझाते तथा शस्त्रों को अपशकुन का माध्यम बताते हुए (३१.७१) सेना के आवागमन और शिविरों के कारण फसलों की बर्बादी का उल्लेख करते हैं। कनफ्यूशस ताओ की राजनीतिक व्यंजना को न्यायपूर्ण शासन की तरह व्याख्यायित करते हुए अपने ग्रन्थ *लन यू* में कहते हैं कि जब राज्य में ताओ का प्रभुत्व होता है तो आम जनता विवादों में नहीं पड़ती (१६.२)। वह ग़रीबी को अन्याय मानते हुए कहते हैं कि जहाँ समान वितरण होगा, वहाँ ग़रीबी नहीं होगी। जहाँ समरसता होगी, वहाँ अभाव नहीं होगा और जहाँ सन्तोष होगा, वहाँ सत्ता-परिवर्तन नहीं होगा (१६.१)। वह हिंसक क्रान्ति के बजाय सुधारात्मक प्रक्रिया को वरीयता देते हैं। उल्लेखनीय है कि समान वितरण और समरसता अहिंसा की ही सामाजिक-आर्थिक चरितार्थता है। व्यक्तिगत व्यवहार में भी कनफ्यूशस पारस्परिक सम्बन्धों में इस बात पर जोर देते हैं कि अन्य के साथ वैसा व्यवहार मत करो, जो तुम नहीं चाहते कि तुम्हारे साथ हो (१२.१, १२.२)।

ग्रीक-रोमन दार्शनिक परम्परा में अहिंसा की चर्चा केन्द्रीय तो नहीं है, लेकिन उनकी नैतिकी का सूक्ष्म विश्लेषण हमें अहिंसा की ओर ही ले

जाता है। सुकरात, प्लेटो और अरस्तू में *'सद्‌गुण'* को किसी भी तरह व्याख्यायित किया जाय, उसकी एक चरितार्थता अहिंसा भाव में होनी ही है। सिनिकवाद, स्टोइकवाद और एपीक्यूरियनवाद की नैतिकी जिस प्रकार के आचरण और जीवनयापन का आग्रह करती है उसमें मांसाहार या मनुष्येतर जीव-जगत को शामिल न करें तो अहिंसा पारस्परिक व्यवहार में निश्चय ही एक वांछनीय गुण है। सम्पूर्ण जीवन के साथ नैसर्गिक जीवन जीने की सिनिकवादियों की आकांक्षा, उनका अपरिग्रही जीवन और सुख-दुख के प्रति निरपेक्ष व्यवहार उन्हें व्यवहारतः अहिंसा का पालक बना देते हैं। इसी तरह, स्टोइकवाद इस पूर्णमान्यता में विश्वास करता है कि मनुष्य को सृष्टि में अन्तर्निहित नैतिक और प्राकृतिक नियम के अनुसार अपनी नैतिकी का विकास करना चाहिए। स्टोइकवाद इस विश्व को ईश्वर का शरीर मानता है और सभी जीवात्माओं को ईश्वर की आत्मा का अंश। अतः, स्वाभाविक ही मनुष्य के साथ वैसा व्यवहार किया जाना उचित है, जैसा ईश्वर के अंश के साथ करना वांछनीय है। स्टोइकवादी मानते हैं कि लालसा से मनुष्य के मन में विक्षोभ होता है। पवित्र जीवन के लिए इस लालसा से मुक्त होना आवश्यक है। लालसापूर्ति में बाधा क्रोध, घृणा और हिंसा पैदा करती है। स्टोइकवाद वनस्पति एवं अन्य जीवों में भी आत्मा के अस्तित्व को स्वीकार करता है। एपीक्यूरियनवाद किसी को भी हानि पहुँचाने का निषेध करता है। एपीक्यूरस और उसके अनुयायियों को कुछ विद्वान शाकाहारी मानते हैं। पोरफिटी तो स्पष्टतया मांसाहार का निषेध एवं शाकाहार का समर्थन करता है। स्पष्ट है कि ग्रीक-रोमन नैतिकी में भी अहिंसा को पर्याप्त महत्त्व दिया गया है। प्रमुख धर्मों और अनुचिन्तनात्मक दर्शनों की नैतिकी स्पष्टतः अहिंसा को केन्द्र में रखती है।

अहिंसा की तत्त्वमीमांसा : विज्ञान

धर्म और अनुचिन्तनात्मक दर्शनों का आधार कुछ अलौकिक-सी अनुभूति और तर्क-बुद्धि होती है; लेकन उनके सत्यापन अथवा वैज्ञानिक प्रामाणिकता पर सन्देह बने रहना स्वाभाविक है—और यह भी कि जिन अनुभूतियों पर विभिन्न धर्म विकसित हुए हैं, उनमें भी भिन्नता और कभी-कभी विरोध भी देखने को मिल सकता है। परिणामस्वरूप, उनकी नैतिकी के मानवीय औचित्य को स्वीकार करने के बावजूद उसे वैज्ञानिक आधार पर विकसित नहीं माना जा सकता। मनुष्य क्यों नैतिक हो और क्यों अहिंसक? क्या इसलिए कि धर्म ऐसा कहता है या ईश्वर ने अपने किसी पैगम्बर के माध्यम से मनुष्य को नैतिक आचरण का आदेश दिया है? लेकिन सभी धर्म—चाहे वे ईश्वर और आत्मा तक को न मानते हों—किसी-न-किसी अभौतिक सत्ता-प्रक्रिया में विश्वास पर टिके हैं, जिसकी वैज्ञानिक प्रामाणिकता या सत्यापन सम्भव नहीं है। नैतिक आचरण का कुछ-न-कुछ वैज्ञानिक आधार होना चाहिए क्योंकि तभी उसका उत्स मनुष्य के अपने विवेक में माना जा सकता है : ''एक मुक्त व्यक्ति अपने सामाजिक दायित्व का निर्वाह किसी विवशता के कारण या सामूहिक अहं के कठोर देवता के सम्मुख श्रद्धांजलि के रूप में नहीं, बल्कि अपनी स्वतन्त्रता की चेतना से प्रसूत नैतिक आस्था के कारण करता है।''[१] यदि कोई इसलिए नैतिक है कि वह किसी धर्म अथवा राज्य द्वारा विवश है, तो वह वास्तविक अर्थों में अपने आप में नैतिक नहीं है। यदि 'निजी और सार्वजनिक जीवन में नैतिकता का आधार दण्ड-संहिता और पुलिस है या धर्माधिकारी' तो इनकी निगरानी के बिना तो मनुष्य हर जगह जंगलराज कायम कर देगा।

---

१. राय, एम.एन.; नव मानववाद पृ. २०; वाग्देवी प्रकाशन, बीकानेर, १९९८

इसलिए 'इस दुष्चक्र से निकलने का रास्ता उसी नैतिक दर्शन में मिल सकता है, जो अपने मूल्यों का आधार मानव-प्राणी की विवेकशीलता में प्राप्त करता है'[१] आज इस विवेकशीलता को भी एक विज्ञान-सम्मत जैविक-प्रक्रिया के रूप में देखना होगा क्योंकि तभी मनुष्य अपने आप में एक नैतिक सम्प्रभु हो सकता है।[२]

मार्क्सवाद को एक विचारधारा के बजाय 'वैज्ञानिक दर्शन' इसीलिए कहा गया कि उसके तत्त्वमीमांसीय और ज्ञानमीमांसीय आधार भौतिक जगत की नियम-बद्ध प्रक्रिया में देखा गया। मार्क्सवाद प्रकृति को एक द्वन्द्वात्मक प्रक्रिया से संचालित मानता है और क्योंकि मनुष्य का विकास प्रकृति से हुआ है, अत: उसके जीवन और संस्थाओं को भी यह द्वन्द्वात्मकता संचालित करती है—क्योंकि यह प्रकृति का नियम या विधि है। यही द्वन्द्वात्मकता ऐतिहासिक भौतिकवाद में रूपान्तरित होकर अन्ततः क्रान्ति और उसके अनन्तर समाजवादी समाज को स्थापित करने की प्रक्रिया बन जाती है। मार्क्स का यह कथन तो माना जा सकता है कि प्रकृति में द्वन्द्वात्मकता है, लेकिन यह मानना आवश्यक नहीं है कि यह द्वन्द्वात्मकता अनिवार्यत: संघर्षात्मक है। यह वस्तुत: दो तत्त्वों की अन्तर्क्रिया है, जो उनके मूलत: एकात्मक होने और इस अन्तर्क्रियात्मक यात्रा के माध्यम से पुन: उसे एकात्मकता की रूपान्तरित उपलब्धि की प्रक्रिया है, जिसे सामान्यत: हम मानव-जीवन का ऐतिहासिक विकास कह देते हैं। यदि 'थीसिस' और 'एंटी-थीसिस' में किसी तत्त्व की उभय-उपस्थिति नहीं है तो उनका 'सिंथेसिस' किसी भी प्रकार सम्भव नहीं हो सकता है। यह उभय-उपस्थित तत्त्व ही वह अन्तस्सूत्र या एकत्व है, जो 'थीसिस', 'एंटी-थीसिस' के द्वैत को मिटाता है। इससे यह निष्कर्ष बरामद होता है कि यह प्रकृति-जगत बहुरूपी दिखते हुए भी मूलत: एकात्मक है। मनुष्य क्योंकि प्रकृति से विकसित हुआ है, अत: यह एकात्मकता ही उसकी चेतना की प्रक्रिया का भी लक्ष्य है और उसके आचरण की कसौटी भी। जीवन के मानवरूप में रूपान्तरित हो जाने पर वह एक नया सामर्थ्य प्राप्त कर लेता है। अब उसका भावी विकास 'प्राकृतिक चयन' पर भी आधारित नहीं रहता बल्कि उसमें सक्रिय हस्तक्षेप कर पाने का सामर्थ्य भी उसे

१. राय, एम.एन.; नव मानववाद पृ. ७४; वाग्देवी प्रकाशन, बीकानेर, १९९८
२. वही,

उपलब्ध हो जाता है। सामाजिकता और नैतिकता से जुड़े सवाल भी इसी रूपान्तरण और उससे प्राप्त नये सामर्थ्य के विकास के साथ पैदा होते हैं।[1]

अत: यह कहना सर्वथा उचित है कि "नियम-शासित भौतिक प्रकृति की पृष्ठभूमि से उत्पन्न होने के कारण मानव-प्राणी सारत: विवेकशील है"[2] और यह विवेक है प्रकृति के नियमों की समझ के आधार पर अपने को—अपने निजी एवं सामाजिक जीवन को—ढालना।

विकास क्योंकि प्रकृति का नियम है, अत: वह जीवन के मनुष्य में रूपान्तरित होने के बाद भी रुक नहीं सकता और चेतना भी क्योंकि जीवन का ही गुणात्मक रूपान्तर है, अत: उसका निरन्तर विकास भी विकास-प्रक्रिया में अन्तर्निहित है। मानव-जीवन और संस्थाओं का वही विकास, इसलिए विवेकशील और नैतिक माना जा सकता है, जो प्रकृति के नियम की प्रक्रिया की समझ के आधार पर हो। चेतना के अपने सामर्थ्य के कारण, इसलिए मनुष्य अपने आचरण और उसके परिणामों के लिए पूर्णत: जिम्मेदार माना जायगा। इसलिए, मानव-चेतना और उसका नैतिकता के लिए आधारभूत सवाल यही है कि यह प्रकृति—यह अस्तित्व—एकात्मक है या नहीं। यदि यह एकात्मक है तो इस एकात्मकता के बोध से प्रेरित मूल्य और आचरण ही विज्ञानसम्मत या विवेकपूर्ण कहे जा सकते हैं—इसलिए वांछनीय भी। यदि यह भौतिक प्रकृति एकात्मक अर्थात् परस्परपोषी और परस्पर आश्रित है, तो एकात्मोन्मुख नैतिकी अर्थात् अहिंसा ही विज्ञानसम्मत मानव-मूल्य कही जा सकती है—अपनी भिन्न-भिन्न अभिव्यक्तियों, सम्भावनाओं और व्याप्ति के साथ। यदि अहिंसा जीवन का नियम है तो यह देखना आवश्यक होगा कि क्या आधुनिक वैज्ञानिक शोधों के निष्कर्षों की दार्शनिक निष्पत्ति अहिंसा को अपने नैतिक आयाम में केन्द्रस्थ रखती है। दूसरे शब्दों में क्या, नैतिकता या अहिंसा का कोई वैज्ञानिक आधार है?

हमारे समय में अहिंसा के सर्वोत्तम प्रतिपादक महात्मा गाँधी जब निजी जीवन में ही नहीं बल्कि सार्वजनिक जीवन की सभी क्रियाशीलताओं में भी अहिंसा को ही कसौटी मानते हैं तो वह केवल धर्मप्रसूत नैतिकी को ही अपने मन्तव्य

१. डार्विन, चार्ल्स; दि डिसेंट ऑफ़ मैन एण्ड सेलेक्शन इन रिलेशन टु सेक्स, पृ. ७१-७२; प्रिंसटन यूनिवर्सिटी प्रेस

२. राय, एम.एन.; वही, पृ. ५६

का आधार नहीं बनाते, साथ ही, वह प्रेम या अहिंसा को अस्तित्व का नियम मानते हुए वैज्ञानिक सिद्धान्तों के आधार से अपनी बात की पुष्टि करते हैं। जिस प्रकार मार्क्सवादी दर्शन में प्रकृति की द्वन्द्वात्मकता अर्थात् द्वन्द्वात्मक भौतिकवाद मानवीय जीवन और इतिहास में द्वन्द्वमूलक ऐतिहासिक भौतिकवाद में परिणत हो जाता है, उसी प्रकार जड़ पदार्थों में व्याप्त संसंजक बल मानवीय जीवन में प्रेम में बदल जाता है। गाँधी जी के अपने शब्दों में : "वैज्ञानिक बताते हैं कि जिन अणुओं से मिलकर हमारी पृथ्वी की रचना हुई है, उनके बीच यदि संसंजक या संसक्तिशील बल विद्यमान न हो तो पृथ्वी खण्ड-खण्ड हो जायगी और हमारा अस्तित्व समाप्त हो जायगा; और जिस प्रकार जड़ पदार्थों में संसंजक बल है, उसी प्रकार सभी चेतन पदार्थों में भी यह बल उपस्थित होना चाहिए और चेतन पदार्थों में इस संसक्तिशील बल का नाम है प्रेम...जहाँ प्रेम है, वहाँ जीवन है; घृणा विनाश की ओर ले जाती है।"[१] और ऐसा नहीं है कि इस संसक्तिशील बल की बात गाँधी जी ने वैसे ही कह दी है क्योंकि इसके क़रीब ग्यारह वर्ष बाद वह फिर उसी शब्दावली को दोहराते हैं : "मेरा मानना है कि मानव-जाति की ऊर्जा का कुल योग हमारे अपकर्ष के लिए नहीं, बल्कि हमारे उत्कर्ष के लिए है और यह प्रेम के नियम के अचेतन किन्तु निश्चित प्रवर्तन का ही परिणाम है। मात्र यह तथ्य कि मानव-जाति का अस्तित्व बरकरार है, इस बात का प्रमाण है कि संसक्तिशील बल विच्छेदक बल से अधिक शक्तिशाली है, अभिकेन्द्री बल अपकेन्द्री बल से बढ़कर है।"[२] एक अन्य जगह वह अहिंसा के इस बल को उस गुरुत्वाकर्षण से जोड़कर देखते हैं, जो पूरी सृष्टि के एकत्व का आधार है : "जिस प्रकार पृथ्वी गुरुत्वाकर्षण के प्रभाव से बँधकर अपनी कक्षा में स्थित है, उसी प्रकार सारा समाज अहिंसा के सूत्र से बँधा है लेकिन जब गुरुत्वाकर्षण के नियम की खोज हुई तो इस खोज के अनेक ऐसे परिणाम सामने आये, जिनका ज्ञान हमारे पूर्वजों को नहीं था। इसी प्रकार जब समाज की रचना सोच-समझकर अहिंसा के नियम के अनुसार की जायगी, तो उसकी संरचना की भौतिक विशिष्टताएँ जैसी आज हैं, उससे भिन्न होंगी।"[३]

---

१. गाँधी, महात्मा; यंग इण्डिया, पृ. ७; ५-५-१९२०

२. वही, पृ. ३५५; २२-११-१९३१

३. गाँधी, महात्मा, हरिजन, पृ. ४१७; ११-२-१९३९

भौतिकी की नयी शोधों—या कहें कि नयी भौतिकी द्वारा ब्रह्माण्ड के एकत्व के विचार की ही पुष्टि होती है। यथार्थ की नयी दृष्टि—जिसे 'सिस्टम्स थियरी' कहा जाता है—इस ब्रह्माण्ड की मशीनी अवधारणा का अतिक्रमण करती हुई यह स्पष्ट कर देती है कि यह भौतिक विश्व विलग घटकों के संयोग से बनी यान्त्रिक व्यवस्था नहीं है—जैसे एक यन्त्र अलग-अलग पुर्जों के संयोग से बनता है, बल्कि सम्बन्धों की एक जटिल संरचना है। काप्रा लिखते हैं कि "नयी भौतिकी की विश्व-दृष्टि समग्रवादी तथा पारिस्थितिकीय है। वह सम्पूर्ण परिघटना की बुनियादी अन्तस्सम्बन्धता और परस्परआश्रिता के साथ-साथ भौतिक यथार्थ की अन्तर्जात गतिशील प्रकृति पर बल देती है।"[१] पूर्ण, दरअसल एक सम्बन्ध-विधान या तन्त्र—सिस्टम—है, जिसे कोई एक अंश व्याख्यायित नहीं कर सकता और इसलिए अंश को भी पूर्ण के सन्दर्भ में ही समझा जा सकता है। काप्रा मानते हैं कि अन्योन्याश्रयता, आवर्तन या पुनर्चक्रीयता, साझेदारी, लचीलापन और वैविध्य साकल्यवादी या 'सिस्टम्स थियरी' के बुनियादी सिद्धान्त हैं और ये ही साकल्यवादी जीवन-पद्धति के बुनियादी सिद्धान्त हो सकते हैं, जो केवल भावनात्मक या काल्पनिक नहीं बल्कि ठोस वैज्ञानिक नियमों पर आधारित हैं।

डेविड बोम अपनी पुस्तक '*होलनेस एण्ड दि इंप्लीकेट ऑर्डर*' में अन्तर्वलित तन्त्र की अवधारणा प्रस्तुत करते हैं। यह सिद्धान्त बताता है कि प्रत्येक वस्तु प्रत्येक वस्तु में अन्तर्वलित है और इसलिए प्रत्येक अंश में समग्र विद्यमान है। बोम इसे *होलोग्राम* के उदाहरण से स्पष्ट करते हैं, जिसमें एक अंश के चित्र में समग्र के बारे में जानकारी रहती है। बोम के अनुसार सभी अंश परस्पर अन्तःक्रिया में संलग्न पृथक अस्तित्वों के बजाय एक समग्र क्रियाशीलता—*होलोमूवमेंट* में पर्यवसित होते हैं और समग्रत्व भी एक अनवरत प्रक्रिया है, जिसमें नये समग्र निरन्तर प्रकट होते रहते हैं। इसी आधार पर बोम यह स्थापित करते हैं कि पदार्थ और चेतना आत्यन्तिक रूप से पृथक नहीं है और अन्तर्वलित जीवन ही अभिव्यक्त जीवन और निर्जीव पदार्थ का मूल है और यह मूल ही प्राथमिक, स्वयंभू और सार्वभौमिक है। यह सिद्धान्त जीवन और निर्जीव पदार्थ को विच्छिन्न नहीं करता,

---

१. काप्रा, फ्रिट्जोफ़; ए न्यू विजन ऑफ़ रिएलिटी, पृ. १८; भारतीय विद्याभवन, मुम्बई; १९८३

बल्कि एक को दूसरे में अन्तर्वलित मानता है। इसका तात्पर्य यह नहीं है कि पदार्थ या जीवन के अन्य रूपों का अपना कोई नियम नहीं है, लेकिन सभी नियमों को बोम *'सापेक्ष स्वायत्त या उप-समग्रता का नियम* कहते हैं, जो, अन्ततः अन्तर्वलित जीवन के नियम—होलोनॉमी—से नियमित है। बोम अन्तर्वलित जीवन के सिद्धान्त के परिप्रेक्ष्य में विकास-सिद्धान्त की व्याख्या करते हुए बताते हैं कि विकास एक सार्वकालिक सनातन प्रक्रिया है, जिसमें हमारे साथ हमारे विचार और प्रायोगिक अन्वेषण भी शामिल हैं।

यह सिद्धान्त, दरअसल, केवल अभिव्यक्त जीवन के एकत्व को ही नहीं, बल्कि समग्र अस्तित्व के एकत्व को तथा उसमें अन्तर्वलित जीवन को स्वीकार करता है। यहाँ इस बात का उल्लेख भी समीचीन होगा कि जीवन और निर्जीव के आन्तरिक एकत्व का सिद्धान्त इस तथ्य से भी प्रमाणित है कि मूलतः जीवन की उत्पत्ति भौतिक पदार्थ से है और वनस्पति जगत से लेकर मानव-जगत तक तत्त्व एक ही है। इसीलिए एम.एन. राय एकतत्त्वात्मक भौतिकवाद अथवा एकतत्त्वात्मक प्रकृतिवाद को द्वन्द्वात्मक भौतिकवाद पर तरजीह देते हैं। समूची सृष्टि में जीवन-तत्त्व एक ही है। पशुओं पर किये जाने वाले प्रयोगों के आधार पर मानव-चिकित्सा सम्बन्धी शोध तथा मानव-रूप के विकास से पूर्व की स्थिति वाले जीवन अर्थात् बन्दरों और चिंपांजी के जीनों तथा मानव-जीनों में अत्यन्त कम अन्तर भी जीवन की मौलिक एकता को प्रभावित करते हैं। अस्तित्व और जीवन-तत्त्व की यह एकता को अहिंसा की विज्ञानसम्मत तत्त्वमीमांसा के रूप में देखा जा सकता है क्योंकि यदि यह अस्तित्व और जीवन-मात्र एक है तो इस एकता के बोध को पुष्ट करनेवाला आचरण का निर्देश ही विज्ञानसम्मत नैतिकी का सहज सार हो सकता है। यह एकत्व व्यावहारिक स्तर पर पारस्परिक प्रेम के रूप में अभिव्यक्त होता है, जो अहिंसा की ही सकारात्मक अभिव्यक्ति है।

पारिस्थितिकी विज्ञान की अद्यतन खोजों ने यह प्रमाणित कर दिया है कि यह पूरा अस्तित्व है—तन्त्र एक है तथा जो भिन्नता उसमें दिखायी देती है, वह रामानुजाचार्य की पदावली इस्तेमाल करें तो *अपृथक भिन्नता* है—गहरे स्तरों पर वह एक है। इसी आधार पर प्रसिद्ध दार्शनिक अर्नेनेस्स ने *गहन पारिस्थितिकी*—डीप इकालॉजी—की अवधारणा प्रस्तुत की है, जो

मानव–केन्द्रित या उपयोगितावादी पर्यावरणवाद से अलग है। उपयोगितावादी पर्यावरणवाद जहाँ मानवीय प्रयोजनों को महत्त्व देता है, उसकी पर्यावरण–चिन्ता का स्रोत मनुष्य के लिए उपयोगी–संसाधनों के संरक्षण तथा मानव–अस्तित्व की फिक्र में है, वहीं गहन पारिस्थितिकी एक ऐसी अवधारणा है, जो समस्त जैव–मण्डल को अपनी परिधि में ले लेती है। वह जैवमण्डलीय समता और वैविध्य की चिन्ता करती है। यह अवधारणा जीवों के सोपान–क्रम पर आधारित श्रेष्ठता के विचार को ख़ारिज करते हुए जीवन मात्र की समता का पुरजोर आग्रह करती है, जिसका तात्पर्य है कि मनुष्येतर जीव–जगत को भी जीवन जीने और विकसित होने का नैतिक स्तर पर उतना ही अधिकार है, जितना मनुष्य जगत है। पारिस्थितिकी, इसलिए केवल जीव–विज्ञान की एक शाखा मात्र नहीं रहती बल्कि अहिंसा की तत्त्वमीमांसा की हैसियत अख़्तियार कर लेती है क्योंकि इसके आधार पर एक नयी मूल्य–व्यवस्था स्थापित हो जाती है, जिसमें अहिंसा या प्रेम केन्द्रस्थ है। इसमें जैव मण्डल के समस्त सदस्यों के जीवन के अधिकार को मान्यता मिलती है। हम चाहें तो *मानवाधिकार* की तर्ज पर इसे *जीवाधिकार* कह सकते हैं।

अर्नेनेस्स, जैवमण्डल के एकत्व के आधार पर, उसके सन्दर्भ में *पारिस्थितिकीय आत्म*—इकॉलॉजिकस सेल्फ़—की अवधारणा का प्रतिपादन करते हैं और समस्त जैवमण्डल के एकत्व की अनुभूति को आत्मानुभूति का वास्तविक स्वरूप मानते हैं—और क्योंकि सभी कुछ आत्म है, इसलिए पर की अवधारणा तथा उससे प्रसूत हिंसा के लिए कोई अवकाश नहीं बचता। यह उल्लेखनीय है कि पारिस्थितिकीय आत्म की यह अवधारणा जैन–दर्शन की समता, वेदान्त दर्शन के अद्वैत तथा तत्त्प्रसूत सर्वभूतहित की अवधारणाओं की बहुत क़रीबी है—फ़र्क़ है तो केवल यह कि उपर्युक्त अवधारणाओं का विकास अनुचिन्तनात्मक प्रक्रियाओं के माध्यम से हुआ है, जबकि गहन पारिस्थितिकी तथा पारिस्थितिकीय आत्म की अवधारणाओं के पीछे पारिस्थितिकी के अद्यतन शोध हैं। रिशेल्स कार्सन, आल्डो लियोपोल्ड, फ्रिट्जोफ़ काप्रा जैसे विचारकों द्वारा प्रस्तुत अहिंसामूलक नैतिकी का आधार भी इसी तरह विज्ञानसिद्ध कहा जा सकता है। अर्नेनेस्स की इस अवधारणा के आधार पर ही काप्रा *पारिस्थितिकीय साक्षरता*—इकॉलॉजिकल लिटरेसी—का प्रस्ताव करते हैं

तथा पारिस्थितिकीय तन्त्र को एक समग्र या साकल्य मानते हुए एक साकल्यवादी या कहें अहिंसक जीवन-पद्धति का प्रस्ताव करते हैं, जिसका तात्पर्य है अहिंसक उत्पादन-पद्धति, समता और सहयोगपरक सामाजिक जीवन तथा वैविध्य का सामना। इस सबके लिए हमारे सांस्कृतिक चित्त को वैज्ञानिक आधारों पर विकसित करना वांछनीय है। इसके लिए हमारे भौतिकीविदों को अन्य विज्ञानों को यह समझाना होगा कि वैज्ञानिक चिन्तन का तात्पर्य अनिवार्यतया यान्त्रिक या अपचयवादी होना नहीं है, बल्कि साकल्यवादी और पारिस्थितिकीय दृष्टि भी वैज्ञानिक स्तर पर खरी है। इसके परिणामस्वरूप वैज्ञानिक, उद्योगपति, व्यापारी तथा राजनेता भी अवैज्ञानिक कहलाये जाने के डर से उबरकर साकल्यवादी संरचनाओं को स्वीकार करते हुए हिचकिचाहट नहीं महसूस करेंगे।[१]

इस सन्दर्भ में प्रसिद्ध वैज्ञानिक जेम्स लवलॉक द्वारा प्रतिपादित *पृथ्वी सिद्धान्त*—गाया थियरी—तथा रूसी वैज्ञानिक ब्लादिमीर इवानोविच वर्नाट्स्की के *चेतनामण्डल*—नूस्फीअर—के सिद्धान्त का उल्लेख भी समीचीन होगा। *नासा* के साथ मंगल-ग्रह पर जीवन की खोज में जुटे वैज्ञानिकों में से एक जेम्स लवलॉक ने अपने शोध के आधार पर प्रतिपादित किया है कि सम्पूर्ण पृथ्वी अपने-आप में एक जैव-संस्थान है अर्थात् भूमण्डल और जैवमण्डल परस्पर अन्तर्ग्रन्थित है और इसलिए समूची पृथ्वी की नियति एक है। प्रसिद्ध उपन्यासकार विलियम गोल्डिंग के सुझाव पर लवलॉक ने अपने सिद्धान्त को पृथ्वी की यूनानी देवी गाया के नाम पर 'गाया थियरी' की संज्ञा दी। लवलॉक के अनुसार पृथ्वी के विभिन्न मण्डलों में जो परिवर्तन होता है, उसका प्रभाव सभी मण्डलों पर पड़ता है और नयी परिस्थिति पैदा होने पर विकासवाद के सिद्धान्त के अनुसार, अन्य मण्डलों में उस नयी परिस्थिति का सामना करने के लिये नये विकास की सम्भावनाएँ पैदा होती हैं। यह एक जटिल अन्तर्क्रियात्मकता है, जिसमें जैवमण्डल पृथ्वी की परिस्थिति को सदैव निवास-योग्य बनाये रखने के उपाय खोजता व अपनाता है। बहुत से वैज्ञानिक पृथ्वी को एक जैव-संस्थान मानकर उस पर विकासवाद के सिद्धान्त को लागू करने के विचार से सहमत नहीं थे, लेकिन तीन पृथ्वी-सम्मेलनों में हुए विचार-

---

१. काप्रा, फ़्रिट्जोफ़; ए न्यू विजन ऑफ़ रिएलिटी, पृ. ४४; भारतीय विद्याभवन, मुम्बई; १९८३

विमर्श और पृथ्वी-सिद्धान्त में निरन्तर होते जा रहे परिष्करण के बाद एमस्टरडम घोषणा में कई वैज्ञानिकों द्वारा यह स्वीकार किया गया कि पृथ्वी अपने भौतिक, रासायनिक, जैविक और मानवीय घटकों के साथ एक स्वनियमित तन्त्र की तरह व्यवहार कर रही है। मानवीय गतिविधियाँ कई प्रकार से पृथ्वी के पर्यावरण को बदल रही हैं और अपने प्रभाव और विस्तार में वे प्राकृतिक शक्तियों के समतुल्य हैं। प्रसिद्ध वैज्ञानिक क्रिस्पिन टिकेल ने भी यह स्वीकार किया कि पृथ्वी सिद्धान्त जीत रहा है और अब उसे अपने को प्रमाणित करने की ज़रूरत नहीं है। लवलॉक ने अपनी नयी पुस्तक *दि रिवेंज ऑफ़ गाया* में पृथ्वी-सिद्धान्त की अनदेखी के परिणामस्वरूप पृथ्वी के बिगड़ते हालात का वर्णन करते हुए यह भी माना है कि विकासवाद के सिद्धान्त के अनुसार अपनी स्वनियमिता के नियम के अन्तर्गत पृथ्वी इस चुनौती का सामना करने या परिस्थिति के अनुरूप जीवन को ढालने के लिए नये रूप विकसित कर लेगी। लवलॉक न केवल मनुष्य के बचे रहने बल्कि उसके और परिष्करण की आशा करते हैं।[१] लवलॉक की आशा या भविष्य-कल्पना पूरी होती है या नहीं, यह तो भविष्य ही बतायेगा। लेकिन पृथ्वी-सिद्धान्त इतना तो स्पष्ट कर ही देता है कि सम्पूर्ण पृथ्वी एक है, अवयवी है और इस पर बसे सभी भूमण्डल और जैवमण्डल परस्परग्रथित हैं। इसलिए किसी एक पर की गयी हिंसा सब पर और इस तरह अपने पर की गयी हिंसा है। पृथ्वी-सिद्धान्त जीवन के ही नहीं, बल्कि सम्पूर्ण पृथ्वी के ही एकत्व-बोध का सिद्धान्त होने के कारण हमारे आचरण में भी एकत्व बोध और अहिंसा की प्रेरक तत्त्वमीमांसा बन जाता है। सम्भव यह भी है कि इसी अहिंसा-दर्शन में उपलब्ध उपायों के सहारे मनुष्य बचे रहकर अपना परिष्करण भी कर सके, जिसकी आशा जेम्स लवलॉक करते हैं।

लवलॉक की 'गाया थियरी' इस प्रकार पारिस्थितिकी और विकासवादी सिद्धान्त का समन्वय लगती है। विकासवाद की प्रक्रिया के आधार पर ही रूसी वैज्ञानिक ब्लादिमीर इवानोविच वर्नाट्स्की ने *चेतनामण्डल—नूस्फी—*पर के विकास की अवधारणा का प्रतिपादन किया। वर्नाट्स्की एक खननविज्ञानी तथा भूरसायनज्ञ थे। उन्होंने प्रतिपादित किया कि विकास

१. आचार्य, नन्दकिशोकर; अहिंसा विश्वकोश, पृ. ४१५-१७; प्राकृत भारती अकादेमी, जयपुर; २०१४

की प्रक्रिया में भूमण्डल और जैवमण्डल के विकास के बाद विकास का नया आयाम चेतनामण्डल का विकास है। जीवन में चेतना है और भौतिक तत्त्वों या भूमण्डल में चेतना अन्तर्निहित है। इसलिए, भूमण्डल और जैवमण्डल के विकास का आगामी आयाम चेतनामण्डल का विकास ही हो सकता है। यह किसी एक व्यक्ति की चेतना नहीं, बल्कि सम्पूर्ण पृथ्वी की चेतना है, इसलिए इसे चेतनामण्डल की संज्ञा दी गयी है। यह सिद्धान्त समूची पृथ्वी के एकत्व-बोध की ओर इशारा करता है। धर्मशास्त्रियों या दार्शनिकों में इस अवधारणा का प्रतिपादन *पियरे तेयार द शार्दे* और *बर्गसाँ* ने किया। शार्दे ने विकास की प्रक्रिया को समझने के लिए जटिलता/चेतना के नियम का प्रतिपादन किया, जिसके अनुसार जीवन जितनी जटिल संरचना बनता जाता है, उतना ही चेतना का विकास होता जाता है। मनुष्य जीवन की सर्वाधिक जटिल संरचना है, अतः उसमें चेतना का सर्वाधिक विकास है। विकास का नया आयाम, शार्दे के अनुसार यह नया चेतनामण्डल है। धर्मशास्त्री होने के नाते शार्दे इस वैज्ञानिक परिघटना को दैवी रंग में रँगते हुए यह कल्पना अवश्य करते हैं कि यह विकास स्वनियमित नहीं है, बल्कि यह ईश्वर ही है जो विकास की इस यात्रा को अपनी ओर खींच रहा है।

बर्गसाँ भी विकासवादी तर्क का विस्तार करते हुए विकास की प्रक्रिया के पीछे एक सर्जनात्मक जीवनशक्ति या प्राणशक्ति की कल्पना करते हैं। वह यान्त्रिक विकास की अवधारणा को ख़ारिज करने के कारण किसी निश्चित कार्य-कारण परम्परा को विकास का हेतु नहीं मानते और न सृष्टि का कोई अन्तिम प्रयोजन ही मानते हैं, जिसकी ओर सारा विकास उन्मुख हो। उनकी मान्यता है कि जीवनशक्ति या प्राणशक्ति अपने स्वभाव से सर्जनशील है और उसकी यह सर्जनशीलता ही काल में गति करती हुई विकास प्रक्रिया को संचालित करती रहती है। सर्जनशीलता में स्वतन्त्रता और अपूर्वानुमेयता अन्तर्निहित है, इसलिए यह न तो किसी यान्त्रिक कार्य-कारण परम्परा से बँधी है और न किसी पूर्वनिर्धारित लक्ष्य या प्रयोजन से। जीवन की इस सर्जन-शक्ति पर केन्द्रीय आग्रह के कारण स्वाभाविक ही था कि बर्गसाँ ऐसी सामाजिक-आर्थिक व्यवस्था से असहमत होते जो मनुष्य की स्वतन्त्रता, गरिमा और सर्जनात्मकता को बाधित या दमित करती हो। इसलिए बर्गसाँ ने मनुष्य को ग़ुलाम बनानेवाली या

उसका अवमूल्यन करनेवाली सभी शक्तियों की भर्त्सना की। उन्होंने पूँजीवाद की बुराइयों की ओर ध्यान आकर्षित किया, लेकिन हिंसात्मक संघर्ष के बजाय एक ऐसे सर्जनात्मक प्रेम की कल्पना की, जो सभी वर्गों के बीच समन्वय स्थापित कर सभी के विकास के अवसर दे सके।[१]

विकासवाद की अवधारणा में एकत्वमूलक आयाम का अन्वेषण करने वालों में रूसी अराजकतावादी विचारक प्रिंस क्रोपोटकिन का स्मरण आवश्यक है। क्रोपोटकिन एक वैज्ञानिक थे और उन्होंने रूसी जिओग्राफ़ी सोसायटी में एक भूगोलवेत्ता की हैसियत से साइबेरिया के अलावा फिनलैण्ड और स्वीडन में भी काम किया था। डार्विन के विकासवाद की सामाजिक व्याख्या करते हुए एच. हक्सले ने विकास का केन्द्रीय कारक पारस्परिक संघर्ष को माना था। क्रोपोटकिन अपने पर्यवेक्षण, अनुभवों और अध्ययन-विश्लेषण के आधार पर हक्सले के मत का खण्डन करते हुए यह स्थापित करते हैं कि विकास में एक प्रमुख कारक पारस्परिक सहयोग है। अपनी पुस्तक *म्युचुअल एड : ए फैक्टर इन इवोल्युशन* में क्रोपोटकिन पहले मानवेतर प्राणियों में प्रत्येक पशु-जाति के संरक्षण और संवर्धन में उनके पारस्परिक सहकार के उदाहरण प्रस्तुत करते हैं, जिनके बिना उन प्राणियों का जीवित रहना ही सम्भव नहीं होता। इस प्रकार, वह सहकार को जीव-वैज्ञानिक आधार पर एक जैविक प्रवृत्ति के रूप में स्थापित करते हैं। क्रोपोटकिन की स्थापना है कि अधिकांश पशु समुदायों में रहते हैं और प्रकृति की चुनौती का मुक़ाबला अकेले नहीं, मिलकर करते हैं। वे पशु-जातियाँ ही अधिक संरक्षित और सम्वर्धित हुई हैं, जिन्होंने पारस्परिक सहयोग का रास्ता अपनाया। उदाहरणार्थ, गुरिल्ला चिंपाजी जातियों को लिया जा सकता है। जिन पशु-जातियों में सामुदायिकता की भावना कम पायी जाती है, वे धीरे-धीरे विलुप्ति के कगार की ओर जाती गयी हैं। मनुष्य-जाति के विकास को भी वह जंगली, अर्ध-जंगली, ग्राम्य, मध्यकालीन नागर और आधुनिक काल में विभाजित करते हुए प्रत्येक दौर में मानव-अस्तित्व और उसके बहुआयामी विकास के लिए संघर्ष के बजाय सहकार की प्रवृत्ति को श्रेय देते हैं, जो उनके अनुसार विवेक-सम्मत है। क्रोपोटकिन का मानना है कि अकेला मनुष्य न तो प्रकृति की

---

१. मायर, फ्रेडरिक; ए हिस्ट्री ऑफ़ मॉडर्न फ़िलॉसफ़ी, पृ. ५५७-५८, ५६३-६४; यूरेशिया पब्लिशिंग हाउस, दिल्ली; १९६६

विपरीतताओं से पार पा सकता था और न परिवार या समाज का विकास हो सकता था। समाज में जितनी भी खामियाँ रही हों, पर समाज का होना ही पारस्परिकता की भावना का प्रमाण है। ग्राम्य समाजों या क़िलेबन्द नगरों में रहने वाले समाजों का पारस्परिक सहयोग अधिक सांस्थानिक होता गया है और आधुनिक समाज भी अपनी सारी कमज़ोरियों के बावजूद संस्थाबद्ध पारस्परिक सहयोग के आधार पर ही टिका है।

क्रोपोटकिन सामाजिकता या सामाजिक एकप्राणता को वैयक्तिक प्रेम से भिन्न जैविक प्रवृत्ति किन्तु उच्चतर नैतिकता मानते हैं, जो विकास का प्रमुख कारक है। विकासवादी जैविकीविद् *स्टीफन जे. गुल्क* का कहना है कि क्रोपोटकिन का बुनियादी तर्क वैध है क्योंकि संघर्ष के कई रूप हैं और कई परिस्थितियों में सहकार किसी भी जाति के सदस्यों के लिए लाभदायक हो सकता है। एक और वैज्ञानिक *डगलस एच. बाउचर* की टिप्पणी है कि क्रोपोटकिन के विचार रूढ़ियुक्त हैं पर वैज्ञानिक दृष्टि से सम्माननीय हैं और यह मान्यता आधुनिक सामाजिक जैविकी का अंग हो चुकी है कि पारस्परिक सहयोग सामर्थ्य को बढ़ाने का माध्यम है।

वैज्ञानिक दृष्टि यह मानती है कि प्रकृति से उत्पन्न तथा उसका अंग होने के नाते प्रकृति का नियम मनुष्य और उसके व्यवहार पर भी लागू होता है और उसी को आधार बनाकर वह सही दिशा में अपना विकास कर सकता है। अत: इस आधार पर विभिन्न दार्शनिकों ने प्राकृतिक विज्ञानों द्वारा अन्वेषित प्रकृति के नियमों की दार्शनिक एवं नीतिमीमांसीय व्याख्याएँ की हैं। हेगेल, कार्ल मार्क्स और एम.एन. राय जैसे दार्शनिकों की नीतिमीमांसा प्रकृति या परम तत्त्व की द्वन्द्वात्मकता अथवा एकात्मकता पर आधारित है। *श्री अरविन्द* भी ऐसे प्रमुख आधुनिक भारतीय दार्शनिक हैं, जो विकासवादी सिद्धान्त की व्याख्या *प्रकृति के विकासात्मक प्रत्यय* के रूप में करते हैं। उनका कहना है कि प्रकृति सदैव गत्यात्मक और विकासशील है लेकिन इस गत्यात्मकता में कुछ ऐसे सनातन नियम अन्तर्भूत हैं, जिनके आधार पर ही मनुष्य-जाति का पूर्णता की ओर विकास होता रह सकता है। इस नियम के प्रतिकूल जाने पर असामान्य अराजकता फैल सकती है। जीवन के नियमों के इस निर्धारण में इस बात पर ध्यान देना ज़रूरी है कि हम क्योंकि अपूर्ण और विकासशील हैं, इसलिए इन नियमों की भी दो कोटियाँ हो जाती हैं : हमारी वर्तमान वास्तविकता का नियम और हमारी

सम्भावना का नियम। हमारी वास्तविकता हमारे जीवन के आज तक के विकास के स्तर की अभिव्यक्ति है, लेकिन हमारी सम्भावना नये रूपों की ओर संकेत करती है। वर्तमान स्थिति और सम्भावना के बीच हमारी बुद्धि वर्तमान रूपों और नियमों को ही हमारी प्रकृति और अस्तित्व के सनातन नियम मानकर उनसे किसी परिवर्तन को विचलन या पतन मान लेती है, या इसके विपरीत किसी भविष्य और सम्भाव्य नियम को सनातन मान कर उससे विचलन को हमारी ग़लती या पाप मान लेती है। वास्तव में, सनातन वही है जो सभी परिवर्तनों के बीच स्थिर रहता है और हमारा आदर्श उसकी प्रगत्यात्मक अभिव्यक्ति से अधिक कुछ नहीं हो सकता। श्री अरविन्द के अनुसार, प्रकृति जीवन को तीन प्रकारों में रचती है : वंश (जीनस), जाति और व्यक्ति। प्राणी-जगत में यह विभाजन बना रहता है, लेकिन स्वचेतन मानव-जाति में प्रकृति इन विभाजनों का अतिक्रमण कर पूरी जाति में एकता और एकत्व-बोध की ओर निर्देश करती है। मानव-समुदाय एक ही वंश या जाति की सहज सामूहिकता के साथ-साथ स्थानीयता, हित-साधन और विचारों-विश्वासों के आधार पर भी संगठित होते हैं और ये सीमाएँ जातियों, राष्ट्रों, हितों, विचारों और संस्कृतियों के पारस्परिक संगमन से टूट भी जाती हैं। तब भी इस अलगाव के टूट जाने पर भी उनका तथ्यात्मक अस्तित्व बना रहता है क्योंकि वे प्रकृति के एक आधारभूत नियम—एकता में विविधता—पर आधारित होते हैं। इसका तात्पर्य, श्री अरविन्द के अनुसार, यह है कि प्रकृति का आदर्श प्रत्येक व्यक्ति और सभी व्यक्तियों के सम्पूर्ण सामर्थ्य का पूर्ण परितोष तक विकास है। इस नियम की अवहेलना के कारण हमारे जीवन में परस्पर संघर्ष, विचारों-भावनाओं और हितों का विरोध तथा कई प्रकार के युद्धों या लूट—यहाँ तक कि दमन और विनाश द्वारा अपना लक्ष्य साधने का प्रचलन दिखायी पड़ता है। श्री अरविन्द की व्याख्या में प्रकृति का वास्तविक नियम विविधता को बल देने वाली एकता है। प्रकृति का यह गुप्त सन्देश इसी बात से उजागर है कि एक ही नियम से संचालित होने का बावजूद उसका आग्रह अनन्त वैविध्य या भिन्नता पर है। उसकी मानव-योजना एक है, लेकिन कोई भी दो मनुष्य अपनी बनावट में बिल्कुल समान नहीं होते। मानव-प्रकृति मोटे तौर पर समान है, लेकिन किन्हीं भी दो मनुष्यों का स्वभाव, चारित्रिकताएँ, विचार और मनोवैज्ञानिक बनावट पूरी तरह एक सरीखे नहीं होते। जीवन अपनी आधारभूत योजना और सिद्धान्त में

एक है—यहाँ तक कि वनस्पति एवं अन्य जीव भी मनुष्य के मान्य कुटुम्बी हैं—लेकिन जीवन की यह एकता अनन्त विविधताओं को स्वीकार या प्रोत्साहित करती है। व्यक्तियों के समान मानव-समुदाय भी अपनी विशिष्ट चारित्रिकता, रूपभेद सिद्धान्त और प्राकृतिक विधि विकसित करते हैं। विविधता का सिद्धान्त स्वतन्त्र अन्तस्सम्बन्धों में बाधा नहीं है, वह जीवन मात्र की समग्रता के विरोध में नहीं जाता। श्री अरविन्द एकता और विविधता के बीच इस संगति में ही जीवन और उसके विकास के रहस्य को अन्तर्निहित मानते हैं।[१] एकता और विविधता की संगति के इस स्वीकार का ही नाम अहिंसा है। इसीलिए, श्री अरविन्द मानते हैं कि मानव-समाज उसी हद तक वास्तविक विकास कर पाता है, जिस हद तक उसके क़ानून स्वतन्त्रता की सन्तान होते हैं, वह अपनी पूर्णता को तभी पहुँच सकता है, जब मनुष्य अन्य मनुष्यों के साथ तात्विक स्तर पर एकत्व का बोध कर सके और उसके समाज का स्वतः स्फूर्त नियम उसके आत्मानुशासित आन्तरिक स्वातन्त्र्य का बाह्य रूप हो।[२] श्री अरविन्द का विकास-प्रत्यय और महात्मा गाँधी का स्वराज-प्रत्यय यहाँ हमसफ़र हो जाते हैं। विकासवादी मानव-विज्ञानी लोरेन आइजेले भी श्री अरविन्द से सहमति प्रकट करते हैं : ''मनुष्य अभी पूर्ण नहीं हुआ है—उसके परस्पर विरोधी आचरण का रहस्य यही है। वह बना नहीं है। वह शायद बनने वाला है''[३]

---

१. अरविन्द श्री; दि आइडियल ऑफ़ ह्यूमन यूनिटी, पृ. १७५-८३; पाण्डिचेरी आश्रम, पुदुचेरी, १९५०

२. वही

३. आइजेले, लोरेन; मन की यात्राएँ (सं. रिचर्ड त्रुएलसन तथा जॉन कोब्लर) पृ. १४; आत्माराम एण्ड सन्स, दिल्ली; १९६४

अहिंसा की तत्त्वमीमांसा : इतिहास

इतिहास मानव-जाति की प्रयोगशाला है। हम प्रयोगों से लगातार सीखते हैं—उनकी सफलताओं से ही नहीं, असफलताओं से भी। इसलिए यह समझना आवश्यक है कि हिंसा-अहिंसा के सन्दर्भ में मानव-प्रयोगों के नतीजे किस निष्कर्ष की ओर संकेत करते हैं। इतिहास केवल घटनाओं का विवरण नहीं है, और न वह महापुरुषों की जीवन-गाथा मात्र है—यद्यपि इतिहास पर उनका गहरा असर रहा है। इतिहास मानव-इतिहास—उसके बहुआयामी विकास का अध्ययन है और इस नाते वह यह जानने की कोशिश करता है कि इस विकास की प्रक्रिया और दिशा क्या है अर्थात् वह मानव-विकास की प्रेरणा एवं नियमों तथा उनकी सफलताओं-असफलताओं के कारणों और परिस्थितियों के विश्लेषणात्मक अध्ययन से मानव-भविष्य की भी विवेकसम्मत संकल्पना कर सकता है। इस सन्दर्भ में डॉ. गोविन्द चन्द्र पाण्डे का यह कथन सदैव स्मरणीय है कि 'आख़िर वैज्ञानिक इतिहास भी तथ्यों को नियमों के सहारे जानना चाहता है। इन नियमों को तो घटनावत् यथार्थ नहीं कहा जा सकता, न उन्हें मानवीय स्वभाव और सामाजिकता के एक स्थिर सन्दर्भ की कल्पना के बिना खोजा जा सकता है। जो भी इतिहास घटनाओं के अतिरिक्त उनकी व्यवस्थाओं और नियमों को खोजता है, वह सम्भावनाओं को अनिवार्यतया अन्तर्भुक्त करता है। इसके विपरीत, जो इतिहास मात्र घटनाओं का वर्णन करता है, उसे शास्त्र या विचार कहा ही नहीं जा सकता। किसी भी शास्त्र को अपनी विषय-वस्तु के नियामक सूत्र खोजने ही होंगे।...सच तो यह है कि आदर्श इतिहास का इतिहासदर्शनात्मक निरूपण (उदाहरण विको, स्पैंगलर आदि) अथवा दार्शनिक इतिहासात्मक निरूपण (उदाहरण हेगेल,

दिल्थाई, क्रोचे आदि) संस्कृति को एक सामान्य व्याख्या-सन्दर्भ के रूप में प्रस्तुत करता है। इसमें व्यावहारिक इतिहास के तथ्य अन्तर्निहित तत्त्वों के संकेत बन जाते हैं।"[१]

क्या अहिंसा को मानव-संस्कृति के एक सामान्य व्याख्या-सन्दर्भ के रूप में देखा जा सकता है? इस सवाल को यों भी पूछा जा सकता है कि क्या अहिंसा इतिहास-सम्मत मूल्य है? इसका तात्पर्य यह पूछना नहीं है कि क्या इतिहास मात्र अहिंसा का ही इतिहास है क्योंकि "मनुष्यत्व के साथ-साथ मनुष्य में पशुत्व का अभाव न होने के कारण मानव-समाज में एक द्वैत का होना अप्रत्याशित नहीं है।"[२] लेकिन जीवन्त संस्कृति का अन्तरंग आदर्श कल्पना है, न कि व्यावहारिक विकृति।[३]

इतिहास में हिंसा के अस्तित्व को स्वीकार करते हुए भी सवाल यह बनता है कि मानव-जाति का विकास हिंसा के माध्यम से हुआ है या अहिंसा के माध्यम से—और, साथ ही यह सवाल भी कि इतिहास के अनुभव के आधार पर हम कैसा व्यक्ति और समाज चाहते हैं—हिंसक या अहिंसक? जब हम अनुभव के आधार पर कोई आकांक्षा करते हैं, तो वह वायवीय नहीं रहती क्योंकि स्वयं मानव-जाति की प्रयोगशाला उसकी वांछनीयता की पुष्टि करती है।

सामान्यतः, जब भी हम इतिहास की बात करते हैं तो हमारा ध्यान युद्धों, षड्यन्त्रजनित सफलताओं, साम्राज्यवादी अभीप्सा अथवा जातीय-साम्प्रदायिक भावनाओं से प्रेरित हिंसक संघर्षों की ओर जाता है और ऐसा प्रतीत होता है जैसे समूचा इतिहास हिंसा की गौरव-गाथा है। इतिहास की पुस्तकों में सभी साम्राज्य-निर्माता नायक-छवि में प्रस्तुत किये जाते हैं। हिंसा स्वयं को मुक्त करवाने वाले क्रान्तिकारी या साधनात्मक हिंसा के प्रयत्न भी, अन्ततः, हिंसा की वांछनीयता को ही प्रभावित कराते दिखायी देते हैं—चाहे उनका स्वप्न एक हिंसामुक्त समाज की रचना करना ही क्यों न रहा हो।

---

१. पाण्डे, गोविन्द चन्द्र; भारतीय परम्परा के मूल स्वर, पृ. ७; नेशनल पब्लिशिंग हाउस, दिल्ली; १९८१

२. वही, पृ. ६४

३. वही, पृ. ६६

लेकिन युद्धों का अनुभव और ख़ासतौर पर पिछली दो शताब्दियों के अनुभवों का विश्लेषण यह बताता है कि साम्राज्य-निर्माण और युद्ध अर्थात् हिंसा मनुष्य की विकास प्रक्रिया का न तो नियम है, न लक्ष्य। यह समझ लिया गया है कि उनसे इस विकास-यात्रा में बाधा या भटकाव ही आता है और अब तो यह भी स्पष्ट हो रहा है कि केवल प्रत्यक्ष हिंसा ही नहीं, बल्कि परोक्ष और संरचनात्मक हिंसा के प्रकार भी मनुष्य के विकास में—जोहन गाल्जंग के शब्दों में कहें तो मानवीय आत्मसिद्धि के रास्ते में—निवारणीय बाधाएँ हैं। तब हमें हिंसा को इतिहास के नियम की तरह नहीं, बल्कि उसके उल्लंघन के रूप में देखना होगा और उस उल्लंघन के मानव-समाज पर पड़ने वाले अस्वस्थ प्रभावों को भी समझ कर उनका उपचार करना होगा। जैसे हम स्वास्थ्य के नियम में उल्लंघन का परिणाम व्यक्ति के स्वास्थ्य के लिए घातक मानते हैं, उसी तरह हिंसा द्वारा इतिहास के नियम का उल्लंघन अस्वस्थ समाज का निर्माण करता है, इसी दृष्टि से इतिहास को भी समझना होगा।

इतिहास के अध्येताओं का पर्याप्त ध्यान दरअसल इस बात की ओर नहीं गया है कि शनैः-शनैः इतिहास की धारा—हिंसक भटकावों के बावजूद—अहिंसा की ओर उन्मुख है। इतिहास में ऐसे बहुत से उदाहरण मिल जायेंगे, जहाँ हिंसक बल के आधार पर किसी वस्तु को हथियाना—जिसका संगठित रूप युद्ध है—उचित और कभी-कभी वरेण्य भी माना जाता था। एक शक्तिशाली राज्य का यह जैसे पावन कर्तव्य समझा जाता था कि वह अपने से निर्बल राज्यों को सैन्य शक्ति के आधार पर पराजित कर उन्हें अपनी अधीनता स्वीकार करने के लिये बाध्य करे या उन्हें सीधे अपने राज्य में मिला ले। साम्राज्य-निर्माण को एक स्वाभाविक और उचित आकांक्षा माना जाता था। विजिगीषु होना राजा का एक प्रमुख गुण था। सभी महाकाव्य—चाहे वे रामायण-महाभारत हो या इलियड-ओडेसी—योद्धाओं के कारनामों के प्रशंसात्मक वर्णनों से भरे पड़े हैं। कई विद्वान महाभारत का अंगीभूत रस शान्त रस को मानते हैं, लेकिन लोक-मानस में युधिष्ठिर के बजाय भीम और अर्जुन की वीरता के क़िस्से अधिक लोकप्रिय रहे हैं। 'वीर भोग्या वसुन्धरा' एक मान्य विचार रहा है।

प्राचीन काल में ही नहीं, आधुनिक काल में भी युद्ध को उचित और वरेण्य बताने वाले कई विचारक भी मिल जाते हैं। ''शताब्दियों से युद्ध

को, जो एक-दूसरे को मारने का संगठित प्रयत्न है, स्वाभाविक और राष्ट्रीय जीवन का एक स्वस्थ कार्य बताया जाता रहा है।'' डॉ. राधाकृष्णन ने अपने एक निबन्ध 'युद्ध और अहिंसा' में ऐसे कई उद्धरण दिये हैं, जो यह बताते हैं कि 'युद्ध अच्छे उद्देश्यों को पूरा करने के साधन हैं।' वह नीत्शे का हवाला देते हैं : ''जो राष्ट्र दुर्बल और दयनीय होते जा रहे हैं, उनके लिए, यदि वे सचमुच जीते रहना चाहते हैं, युद्ध को औषधि के रूप में सुझाया जा सकता है।'' मोल्टके कहता है : ''युद्ध परमात्मा के संसार का एक आन्तरिक अंग है, जो मनुष्य के सर्वोत्तम गुणों का विकास करता है।'' बर्नहार्डी युद्ध को नैतिकता का अनिवार्य उपकरण मानता है और ओस्वाल्ड स्पेंगलर की राय में राष्ट्रों का अस्तित्व ही युद्ध करने के लिए है। मुसोलिनी और हिटलर का युद्ध-प्रेम तो सर्वविदित है ही, लेकिन रस्किन तक का विचार है कि 'सब महान राष्ट्रों ने अपने विचारों की सत्यता और सबलता को युद्धों में ही पहचाना है; युद्धों द्वारा वे राष्ट्र पनपे और शान्ति द्वारा नष्ट हो गये; युद्ध से उन्होंने शिक्षा ली और शान्ति द्वारा ठगे गये; एक वाक्य में, युद्ध में उनका जन्म हुआ और शान्ति में वे मर गये।''

सामान्यत:, यह माना जाता है कि युद्ध मनुष्य के अस्तित्व में ही अन्तर्निहित हिंसा या विध्वंसात्मकता की प्रवृत्ति का चरम प्रतिफलन है। ई ग्लोवर जैसे पण्डितों का मानना है कि युद्ध का रहस्य मनुष्य के गहनतम अवचेतन में निहित है। लेकिन फ्रायड जैसे मनोवैज्ञानिक ने भी आइनस्टाइन को लिखे एक पत्र में मनुष्य में अन्तर्निहित किसी विध्वंसात्मकता को युद्धों का कारण नहीं स्वीकार किया था। फ्रायड के अनुसार, युद्ध मनुष्य की अवचेतना की प्रवृत्तियों के कारण नहीं, बल्कि यथार्थपरक विवादों या द्वन्द्वों का समाधान निकाल पाने में विफलता की वजह से होते हैं। यह ठीक है कि सभी जीवों—और इसलिए मनुष्य में भी आक्रामकता की प्रवृत्ति होती है। लेकिन इस आक्रामकता का हिंसक होना अनिवार्य नहीं है। फ्रायड तक की मान्यता रही है कि यदि विवादों के निपटारे के लिए राष्ट्रीय क़ानूनों की तरह अन्तरराष्ट्रीय स्तर पर भी बाध्यकारी क़ानून-व्यवस्था होती तो युद्धों से बचा जा सकता है।

एरिक फ्रॉम का मानना है कि जब हम मानवीय प्रवृत्ति को युद्ध के लिए जिम्मेदार मानते हैं तो, दरअसल सामाजिक परिस्थिति और महत्त्वाकांक्षी

व्यक्तियों और निहित स्वार्थों की अनदेखी कर रहे होते हैं। उनकी इस मान्यता को अविचारित नहीं कहा जा सकता क्योंकि अधिकतर युद्ध—महायुद्ध तक—आर्थिक स्वार्थों और हमारे उद्योगपतियों तथा राजनीतिक सैनिक नेतृत्व की महत्त्वाकांक्षा की वजह से हुए हैं।[१] स्वार्थ केवल वैयक्तिक नहीं होता। वह सामूहिक होकर एक तरह के जातीय या राष्ट्रीय अथवा किसी प्रकार की मतवादी आत्मरति में बदल जाता है, जिसे एम.एन. राय *सुपर ईगो* कहते हैं, जिस में व्यक्ति अपनी निजी अस्मिता और विवेक का विलय कर देता है और उसका परिणाम होता है अपने स्वार्थों के लिए अन्य आक्रामकता का विस्फोट, जो राष्ट्रवाद, साम्प्रदायिकता और सैनिकवाद के रूप में प्रकट होता है।[२]

युद्ध का अध्ययन करने वाले कुछ शोधकर्ताओं का मानना है कि सभ्य होते चले जाने के साथ-साथ मानव-इतिहास में युद्धों की संख्या भी बढ़ती गयी है। प्रो़फ़ेसर क्यू राइट का अध्ययन-विश्लेषण बताता है कि अधिकांश युद्ध किसी अन्तर्निहित हिंसक आक्रामकता की वजह से नहीं, बल्कि सैनिक-राजनीतिक नेतृत्व की साधनात्मक आक्रामकता के कारण हुए हैं। वह इस बात की ओर भी संकेत करते हैं कि आदिम समाजों में युद्धों की संख्या बहुत कम रही है, जबकि तकनीकी सभ्यता के विकास के साथ-साथ युद्धों की संख्या में बढ़ोतरी हुई है। प्रो़फ़ेसर राइट का अध्ययन बताता है कि पन्द्रहवीं शताब्दी के बाद प्रत्येक शताब्दी में युद्धों की संख्या बढ़ती गयी है।[३] यह अध्ययन द्वितीय विश्व-युद्ध तक का है। यदि द्वितीय महायुद्ध के बाद हुए सैनिक और आतंकवादी संघर्षों को भी शामिल कर लें—जो प्रकारान्तर से युद्ध के सभी तरीक़ों और आयुधों का इस्तेमाल करते हैं—तो यह अनुमान हो सकता है कि आज तक यह संख्या कितनी बढ़ गयी होगी। एरिक फ्रॉम का कहना है कि हम अपनी सभ्यता को इस विध्वंसात्मकता का जिम्मेदार बताते हुए घबराते हैं, इसलिए उसका दोष अपनी प्रवृत्तियों पर डाल देना चाहते हैं। लेकिन तथ्य कुछ

१. आचार्य, नन्दकिशोर; अहिंसा विश्वकोश, पृ. ५५६-५७; प्राकृत भारतीय अकादेमी, जयपुर; २०१४
२. तारकुण्डे, वी.एम; नव मानववाद, पृ. ८९-८१; वाग्देवी प्रकाशन, बीकानेर; २००६
३. फ्रॉम, एरिक; दि एनेटॉमी ऑफ़ ह्यूमन देस्ट्राक्टेवनेस, पृ. २४२-४३; फासेट क्रेस्ट बुक्स, न्यूयार्क; १९७५

और ही कहानी बयाँ करते हैं। युद्धों की पृष्ठभूमि में तकनीकी और आर्थिक स्वार्थों-दबावों की ज़रूरतें अब जगजाहिर हैं।[१]

लेकिन दूसरी ओर यह भी सच है कि हिंसा और युद्धों के इस वातावरण के बावजूद विश्व-मानस अब इतिहास से कुछ और ही ग्रहण करना चाह रहा है। डॉ. राधाकृष्णन् का यह कथन पूरी तरह सच है कि "समय के साथ-साथ मनुष्य का अन्तःकरण भी विकसित हुआ है। आजकल युद्ध का उत्कृष्ट वस्तु के रूप में वर्णन नहीं किया जाता, अपितु उन्हें खेद के साथ स्वीकार किया जाता है।"[२] यदि इतिहास के विकास पर ग़ौर करें तो हम पायेंगे कि मानव-समाज बहुत से हिंसक रिवाजों से छुटकारा पाने की कोशिश करता रहा है, जिन्हें वह पहले आसानी से स्वीकार कर लेता था। अब कोई राष्ट्र युद्ध का दायित्व अपने पर नहीं लेना चाहता है। वह चाहे युद्ध का इच्छुक हो तो भी उसका तर्क यही होता है कि युद्ध उस पर थोप दिया गया है या वह आत्मरक्षा के लिए ऐसा करने को बाध्य है।

इतिहास के अध्येताओं के सम्मुख अब यह भी पूरी तरह स्पष्ट है कि मानवता को विभिन्न समुदायों के पारस्परिक व्यापारिक और सांस्कृतिक-बौद्धिक सम्पर्क से जो लाभ हुआ है, वह युद्धों से नहीं। कुछ इतिहासकार व्यापारिक-सांस्कृतिक सम्पर्क का श्रेय भी विजय-अभियानों को देते हैं, मानो उनके बिना व्यापारिक-सांस्कृतिक सम्पर्क सम्भव ही नहीं था। यदि बुद्ध की शिक्षाएँ पूरे एशिया में फैल सकीं और सिल्करूट का विकास हो सका तो इसका श्रेय व्यापारियों और धार्मिक-बौद्धिक लोगों को जाता है, विजय-अभियानों को नहीं। यह इस बात का स्पष्ट प्रमाण है कि विश्व-संस्कृति के विकास में युद्धों और हिंसा की भूमिका को बढ़ा-चढ़ाकर बताया जाता रहा है। इस बात की भी अनदेखी नहीं की जानी चाहिए कि अपनी सारी शक्ति, वैभव और विशाल साम्राज्य के बावजूद सामान्य जन के आचरण और विश्वासों को सम्राटों और सेनापतियों ने उतना प्रभावित नहीं किया, जितना धार्मिक-सांस्कृतिक तथा बौद्धिक-वैज्ञानिक व्यक्तित्वों ने। अशोक अवश्य अपवाद है, पर उसके प्रभाव का कारण भी उसकी विजय नहीं, बल्कि युद्ध-लाभ है। इतिहास की भौतिकवादी धारा में भी

१. फ्रॉम, एरिक; दि एनेटॉमी ऑफ़ ह्यूमन देस्ट्राक्टेवनेस, पृ. २४२-४३; फासेट क्रेस्ट बुक्स, न्यूर्याक; १९७५
२. राधाकृष्णन्; वही, पृ. २३६

जितनी महत्त्वपूर्ण भूमिका वैज्ञानिकों, तकनीशियनों और किसानों–श्रमिकों–व्यापारियों की रही है, उतनी सैनिकों की नहीं। इतिहास–अध्ययन की नयी दृष्टियाँ इस तथ्य को स्वीकार भी करने लगी हैं। साम्राज्यवादी वृत्तान्तों के बजाय इतिहासकार आज दर्शन, विज्ञान, कला–साहित्य और आर्थिक संस्थाओं आदि के विकास की प्रक्रियाओं आदि के अध्ययन की ओर अधिक ध्यान देने लगा है तो यह इस बात का संकेत है कि वह मानव–विकास की प्रक्रिया विचार के रूप में हिंसा के बजाय अहिंसा को स्वीकार करने लगा है।

क्रोपोटकिन ने संघर्ष के बजाय सहकार को विकास–प्रक्रिया का वास्तविक कारक माना है। उनका यह सिद्धान्त मानवेतर प्राणी–जगत के अध्ययन पर आधारित है, लेकिन प्रकृति से विकसित होने के कारण मनुष्य–जीवन को ही इस सिद्धान्त से बहिष्कृत नहीं किया जा सकता। इसीलिए एम.एन. राय जैसे दार्शनिक सहकार के इस नियम को मानव–इतिहास पर लागू करते हुए इस निष्कर्ष पर पहुँचते हैं कि "सहकार सदैव ही एक दृढ़तर सामाजिक कारक रहा है। अन्यथा सभ्यता के प्रारम्भ में ही समाज टुकड़े–टुकड़े हो जाता।...इतिहास का पूर्वग्रहमुक्त अध्ययन बताता है कि अपने साथियों की सहायता करने की आकांक्षा प्रतिद्वन्द्विता और संघर्ष की अपेक्षा अधिक बुनियादी मानवीय विशेषता है।"[१]

राय की यह मान्यता महात्मा गाँधी के इतिहास–दर्शन की सहयात्री है। गाँधी जी कहते हैं कि आज प्रचलित इतिहास–दृष्टि तो प्रकृति के क्रम में उत्पन्न होने वाले व्यवधानों का अभिलेख है। उन्हीं के शब्दों में, "अगर दुनिया की कथा लड़ाई से शुरू हुई होती, तो आज एक भी आदमी ज़िन्दा न रहता...दुनिया में आज भी इतने लोग ज़िन्दा हैं, यह बताता है कि दुनिया का आधार हथियार–बल पर नहीं है, परन्तु सत्य, दया या आत्मबल पर है। इसका सबसे बड़ा प्रमाण तो यही है कि दुनिया लड़ाई के हंगामों के बावजूद टिकी हुई है। इसलिए लड़ाई के बल के बजाय दूसरा ही बल उसका आधार है। हज़ारों बल्कि लाखों लोग प्रेम के बस रहकर अपना जीवन बसर करते हैं। करोड़ों कुटुम्बों का क्लेश प्रेम की भावना में समा जाता है, डूब जाता है। सैकड़ों राष्ट्र मेलजोल से रहे हैं, इसको 'हिस्टरी' नोट नहीं करती, 'हिस्टरी' कर भी नहीं सकती। जब

१. राय, एम.एन; नव मानववाद, पृ. ८३; वाग्देवी प्रकाशन, बीकानेर; १९९८

इस दया की, प्रेम की और सत्य की धारा रुकती है, टूटती है, तभी इतिहास में वह लिखा जाता है।''[१]

इतिहास-प्रक्रिया के अध्ययन से उजागर होने वाली एक और बात है, केवल युद्ध या स्थूल हिंसा की ही नहीं, हिंसा के सूक्ष्म और सांस्थानिक रूपों की भी पहचान और उनकी अस्वीकृति। विश्व-जनमत आज किसी भी तरह के शोषण, दमन और उत्पीड़न अर्थात् संरचनागत हिंसा को अनुचित मानता है। इसलिए हिंसा-अहिंसा का सवाल अब केवल वैयक्तिक स्तर पर दया, करुणा या क्रूरता तथा सार्वजनिक स्तर पर युद्ध या शान्ति का सवाल नहीं रह गया है। इतिहास की गति सामाजिक-आर्थिक और सांस्कृतिक तथा राजनीतिक हिंसा-संरचना को पहचानती और उसके उन्मूल को वांछनीय मानती है। स्वतन्त्रता, समानता और बन्धुत्व का स्वप्न एक अहिंसक समाज का स्वप्न है। इन मूल्यों पर लगभग सारा विश्व-जनमत आग्रहशील है—चाहे इनकी व्याख्याओं को लेकर कुछ मत-वैभिन्न्य भी हो—यहाँ तक कि लोकतान्त्रिक पद्धति से निर्वाचित शासन के लिए भी अबाधित सम्प्रभुता और स्वेच्छाचारिता के अधिकार की स्वीकृति नहीं है। पूँजीवादी पद्धति का भी तर्क तो यही है कि वह सभी की सुख-समृद्धि के लिए सक्रिय है—केवल पूँजीपति वर्ग के लिए समर्पित नहीं। यह इस बात का संकेत है कि शोषण अर्थात् आर्थिक हिंसा को विश्व-जनमत का नैतिक समर्थन नहीं मिल सकता। दरअसल, जब इतिहास की प्रक्रिया से गुज़र कर मानव-जाति अब कम-से-कम नैतिक-संवेदनात्मक स्तर पर साम्प्रदायिक, नस्लीय, भाषिक, लैंगिक या अन्य किसी भी प्रकार के भेद को अनुचित मानने लगी है, जो किसी भी प्रकार की हिंसा का ही निषेध है। मानवाधिकारों की व्यापक स्वीकृति इस बात का प्रमाण है कि इतिहास की प्रक्रिया हमें उस मुकाम पर ले आयी है, जहाँ विश्व-जनमत ने अहिंसा को वैयक्तिक और सामूहिक आचरण की केन्द्रीय प्रेरणा और कसौटी के रूप में स्वीकार कर लिया है। कम-से-कम सैद्धान्तिक स्तर पर तो निश्चय ही।

उल्लेखनीय है कि अपराधियों तक के प्रति हिंसक व्यवहार को अनुचित माना जाने लगा है तथा कारागारों को सुधार-गृहों की तरह विकसित किये

१. गाँधी, महात्मा; हिन्द स्वराज, पृ. ६०; नवजीवन प्रकाशन मन्दिर, अहमदाबाद; २००९

जाने का आग्रह लगभग सर्व-स्वीकार्य है। दाँत के बदले दाँत और आँख के बदले आँख के सिद्धान्त पर आधारित न्याय-प्रणाली अब जघन्य अपराधों की सज़ा के रूप में भी मृत्यु-दण्ड के अस्वीकार तथा अपराधी के साथ भी हिंसक व्यवहार के बजाय उदार मानवीय व्यवहार की माँग को स्वीकार करने लगी है। पशुओं तक के अधिकारों की सैद्धान्तिक स्वीकृति भी अहिंसा के विचार के बढ़ते प्रभाव का ही संकेत है।

न्याय की अवधारणा अब केवल दण्डात्मक या उपचारात्मक न्याय तक सीमित नहीं रही, बल्कि सामाजिक न्याय की अवधारणा ने पूरे न्याय-विमर्श को प्रभावित किया है। इस पद का सर्वप्रथम प्रयोग उन्नीसवीं शताब्दी में जेसुइट लुई तपरेल्ली ने किया था। थॉमस एक्विनास के विचारों से प्रभावित होने के कारण उनकी *प्रेम की अवधारणा* का आर्थिक आयाम में विस्तार करते उन्होंने इस पर आधारित ऐसी व्यवस्था की कल्पना की, जिसमें ग़रीब और वंचित वर्गों को न्यायपूर्ण जीवन मिल सके और जिससे समाज की एकता—जो प्रेम का ही आयाम है—आर्थिक आधार पर भी पुष्ट हो सके। सामाजिक न्याय की अवधारणा ने जैव-नैतिकी को भी प्रभावित किया है। निम्न वर्गों के लिए निःशुल्क स्वास्थ्य सेवा की व्यवस्था आदि इसी का परिणाम है। सभी राजनीतिक दल—चाहे उनका वास्तविक लक्ष्य कुछ भी हो—कम-से-कम सैद्धान्तिक स्तर पर सामाजिक न्याय की अवधारणा को अस्वीकार नहीं कर सकते। सामाजिक न्याय संसाधनों का ऐसा न्यायसंगत वितरण है, जिसमें सभी के व्यक्तिगत और सामाजिक विकास के पूर्ण अवसरों की गारंटी हो। आधुनिक विचारकों में जॉन रॉल्स और अमर्त्य सेन जैसे कई लोग न्याय की अवधारणा को सामाजिक संगठनों की अनिवार्यता मानते हुए सबके लिए समान अवसरों और उनकी चरितार्थता के लिये सबलीकरण की प्रक्रियाओं को आवश्यक मानते हैं।

स्पष्ट है कि विश्व-इतिहास की प्रयोगशाला के नतीजे अहिंसा को जीवन के नियम के रूप में प्रतिष्ठित करते हैं—चाहे अभी उसकी व्यावहारिक चरितार्थता में बहुत-सी अड़चनें—कुछ चित्तवृत्तियाँ और सांस्थानिक जकड़नें—अभी हैं, लेकिन इतिहास की गति उसी ओर उन्मुख है। उसकी क्रियान्विति के सांस्थानिक और व्यावहारिक रूप विकसित करने वाली प्रौद्योगिकी का स्वीकार्य विकास ही मानवता के इतिहास की भावी दिशा

का संकेत है। समाज के विकास का अध्ययन करते हुए कहा गया है : ''समाजों के उन्नति-क्रम में तीन सोपान स्पष्ट दिखायी पड़ते हैं, पहला सोपान वह है, जिसमें जंगल का क़ानून प्रचलित रहता है, उसमें हमारे अन्दर हिंसा और स्वार्थ भरा रहता है, दूसरा सोपान वह है, जिसमें अदालतों, पुलिस और जेलों के साथ क़ानून और निष्पक्ष न्याय का शासन रहता है, तीसरा सोपान वह है, जिसमें हमारे अन्दर अहिंसा और निःस्वार्थता आ जाती है, जिसमें प्रेम और क़ानून एक हो जाते हैं।''[१] इनमें से अन्तिम सोपान मानव-इतिहास का लक्ष्य कहा जा सकता है। लक्ष्य स्पष्ट है, पर हम अभी एक प्रक्रिया में हैं—विकास की प्रक्रिया में। ''मनुष्य अभी भी निर्माण की दशा में है; उसका निर्माण पूर्ण नहीं हुआ है।''[२]

लेकिन हम यदि यह मानते हैं कि मनुष्य अपनी परिस्थितियों का नियन्त्रण कर सकने और उसे अपने अनुकूल बदलने में समर्थ है—और मनुष्य के सारे आविष्कार और उनके आधार पर परिस्थितियों को बदल पाने के उसके सामर्थ्य के स्पष्ट प्रमाण हैं—तो हमें यह मानना होगा कि वह अपने विकास की दिशा को निर्देशित कर सकता है, उसे अपने अनुकूल मोड़ दे सकता है, और तब यह भी स्वीकार करना होगा कि वह इतिहास का माध्यम नहीं रहता, उसकी प्रक्रिया और दिशा का नियन्ता हो सकता है—बल्कि है। तब वह इतिहास का माध्यम नहीं रहता, बल्कि इतिहास ही मनुष्य की चेतना के विकास और अभिव्यक्ति का माध्यम हो जाता है—और मानव-चेतना के विकास की दिशा अहिंसा, प्रेम, एकत्व है। चेतनासम्पन्न होते जाने के साथ ही यह जिम्मेदारी स्वयं मनुष्य पर ही आ जाती है कि वह अपने भावी विकास की दिशा को निर्धारित-संचालित करे।[३]

---

१. राधाकृष्णन्; वही, पृ. २८२-८३

२. वही, पृ. २५०

३. आचार्य, नन्दकिशोर; संस्कृति का व्याकरण, पृ. ३१, २३; वाग्देवी प्रकाशन, बीकानेर, १९९७

अहिंसा की तत्त्वमीमांसा : मनोविज्ञान

धर्म और अनुचिन्तनात्मक दर्शनों तथा प्राकृतिक विज्ञान की ज्ञानमीमांसा के आधार पर जीवन का एकत्व, तत्त्व या सत् के रूप में, प्रतिष्ठित होता है और इसकी नैतिकी के रूप में स्वाभाविक ही अहिंसा भी—क्योंकि अहिंसक आचरण के विविध रूप जीवन के एकत्व के बोध को सम्पोषित करने की ही विविध प्रक्रियाएँ हैं। इस तरह अहिंसा केन्द्रीय मानव-मूल्य के रूप में प्रतिष्ठित होती है। संस्कृति, क्योंकि, मूलतः मूल्यान्वेषण और मूल्यानुभूति की ही सर्जनात्मक एवं गत्यात्मक प्रक्रिया है, इसलिए अहिंसा, इस अर्थ में किसी विशिष्ट संस्कृति में नहीं, बल्कि सम्पूर्ण मानव-संस्कृति के बुनियादी मूल्य के रूप में स्वीकरणीय है, जिसे सभी धर्मों और अनुचिन्तनात्मक दर्शनों के साथ-साथ विज्ञानसम्मत तत्त्वमीमांसीय आधार प्राप्त है। लेकिन मूल्य आचरण की माँग करते हैं, उन्हें केवल काल्पनिक स्तर पर अनुभूत नहीं किया जा सकता और आचरण का जितना सम्बन्ध आदर्श से है, उतना ही मानव-प्रवृत्तियों से भी। इसलिए यह देखना आवश्यक हो जाता है कि हम जिस मूल्य को मानव-व्यवहार के आदर्श के रूप में स्थापित करना चाहते हैं, उसके लिए मानव-प्रवृत्ति या कहें कि मनुष्य की मनोवैज्ञानिक बनावट में कितनी सम्भावना है—क्योंकि यदि मानव-मन की बनावट में अहिंसा एक स्वाभाविक वृत्ति नहीं है तो आचरण में उसके चरितार्थ होने की सम्भावना नगण्य ही रहती है।

मनोवैज्ञानिकों और तन्त्रिकाविज्ञानियों में इस बात को लेकर अनवरत विमर्श जारी है कि क्या अहिंसा मनुष्य में अन्तर्जात है। इस सवाल को इस तरह भी देखा गया है कि हिंसा या आक्रामकता मनुष्य में अन्तर्जात है अथवा अर्जित या परिस्थितिगत। सवाल यह भी बनता है कि क्या

आक्रामकता की अभिव्यक्ति अनिवार्यतः हिंसक ही होती है। शरीर-क्रिया वैज्ञानियों और तन्त्रिका-मनोवैज्ञानियों में इस बात पर सर्वसहमति नहीं है कि हिंसा मनुष्य में अन्तर्जात नहीं है, लेकिन एक बड़ी संख्या में इस क्षेत्र के शोधार्थियों का मानना यह प्रतीत होता है कि हिंसा यदि अन्तर्जात है भी तो भी उसकी अभिव्यक्ति बाह्य उत्तेजना या परिस्थितिगत दबाव की प्रतिक्रिया में होती है।

उन्नीसवीं शताब्दी में प्रसिद्ध जीव-विज्ञानी *सेसर लोंब्रोसो* ने मत प्रकट किया था कि मनुष्य के हिंसक व्यवहार का प्रमुख कारण जैविक होता है। जैविक से उनका तात्पर्य आनुवंशिक कारणों से मस्तिष्क की विशिष्ट जैविक संरचना से था। लोंब्रोसो की मान्यता के अनुसार हिंसक व्यवहार या आपराधिक क्रियाशीलता ऐसे व्यक्तियों में अन्तर्जात होती है—अर्थात् वे जन्मजात हिंसक या अपराधी होते हैं। लोंब्रोसो मनुष्य के सामाजिक वातावरण को उसके हिंसक व्यवहार के लिए उत्तरदायी नहीं मानते थे, लेकिन लोंब्रोसो की मान्यता अपराधी या हिंसक व्यक्तियों पर उनके मस्तिष्क की विशिष्ट जैविक संरचना के कारण लागू होती है, सम्पूर्ण मानव-जाति पर नहीं। *स्पाटज वाइडम* जैसे विद्वानों ने अपने शोध से प्रमाणित किया है कि हिंसक व्यवहार वाले माता-पिता के बच्चों का हिंसक होना अनिवार्य नहीं है। प्रसिद्ध मनोवैज्ञानिक *जॉन वाटसन* के इस विषय पर गहन शोध का निष्कर्ष है कि हिंसक व्यवहार का मुख्य कारण आनुवंशिक या जैविक नहीं बल्कि परिवेशगत है। वह किसी भी व्यक्ति के मनोवैज्ञानिक वातावरण को उसके हिंसक व्यवहार का मुख्य कारण मानते हैं। आधुनिक अपराध-मनोविज्ञान के विशेषज्ञ भी अधिकांशतः वाटसन के विचारों से सहमत दिखायी देते हैं कि हिंसक व्यवहार का कारण सामाजिक परिवेश और मनोवैज्ञानिक वातावरण है।[१]

कानराड लारेंज का शोध मुख्यतया आक्रामकता पर केन्द्रित है। प्राणी-जगत के व्यवहार का अध्ययन करते हुए लारेंज आक्रामकता को अन्तर्जात मानते हैं। चिकलिड मछली का उदाहरण प्रस्तुत करते हुए वह कहते हैं कि यदि अन्य जाति की मछलियों को पहुँच से दूर कर दिया जाय तो इस

१. शुपिलोव, वी.पी.; वायलेंस एण्ड इट्स कॉजेज, पृ. १४८-४९; यूनेस्को, पेरिस; १९८१

जाति का नर अपनी ही साथिन और सन्तति के प्रति आक्रामक हो जाता और उन्हें नष्ट तक कर देता है।[१] लारेंज के निष्कर्ष की पुष्टि करते हुए *हीलिजेनबर्ग* अपने शोध के आधार पर बताते हैं कि इस मछली को यदि अन्य पर आक्रमण के अवसर से वंचित कर दिया जाय तो उसकी मौखिक क्रियाशीलता में उत्खनन—डिगिंग—का औसत बढ़ जाता है। ऐसे उदाहरणों को प्राणियों में अन्तर्जात आक्रामकता की उपस्थिति के प्रमाण के रूप में प्रस्तुत किया जाता है।

यह उल्लेखनीय है कि प्रसिद्ध मनोवैज्ञानिक फ्रायड ने भी मुमूर्षा—डेथ इंस्टिक्ट—को एक प्रमुख मानसिक प्रवृत्ति मानते हुए आक्रामकता को उसका बाह्योन्मुख प्रक्षेपण मान लिया था।[२] फ्रायड की सर्वाधिक प्रतिभाशाली उत्तराधिकारी *मेलेनी क्लीन* का भी यही मानना है कि मनुष्य में शैशवकाल से ही आक्रामकता प्रकट होने लगती है क्योंकि शिशु में प्रेम और घृणा का द्वन्द्व अन्तर्जात होता है। वह भी फ्रायड से इस बात पर सहमत होती है कि यह प्रवृत्ति मुमूर्षा का बाह्य जगत की ओर अनुप्रेक्षण है।[३] लेकिन सवाल यह भी है कि क्या आक्रामकता का कोई अहिंसक स्वरूप भी हो सकता है।

जे.पी. स्कॉट, झिंग यांग कुओ, इबिल-इबेसफेल्ट और बर्कोविट्ज जैसे अध्येताओं का मानना है कि आक्रामकता अन्तर्जात नहीं बल्कि बाह्य उत्तेजन की प्रक्रिया है। स्कॉट अपनी चर्चित पुस्तक एग्रेसन में कई मामलों में शोध का निष्कर्ष प्रस्तुत करते हुए बताते हैं कि प्रत्येक मामले में ऐसा कोई शरीर क्रियात्मक साक्ष्य नहीं है, जो लड़ाई के लिए शरीर में कोई स्वतःस्फूर्त उत्तेजना की ओर इंगित करता हो। इसके आधार पर स्कॉट यह निष्कर्ष निकालते हैं कि बाह्य परिवेश में जो कुछ घटित होता है, उसके अतिरिक्त आक्रामक या रक्षात्मक लड़ाई की कोई आवश्यकता ही नहीं उपस्थित होती। इसका सीधा तात्पर्य यह है कि यदि व्यक्ति के परिवेश में आक्रामकता को उत्तेजित करने वाली स्थितियाँ न हों तो उसमें कभी लड़ने की मानसिकता ही विकसित नहीं होगी। इसे भूख, प्यास या

---

१. लारेंस, कोनराड; ऑन एग्रेसन, मेथ्यूएज, लन्दन; १९६६

२. फ्रॉयड, सिग्मण्ड; न्यू इण्ट्रोडक्टरी लेक्चर्स ऑन साइको एनेलिसिस, पृ. १३९; ह्येगार्थ प्रेस, लन्दन, १९३७

३. क्लीन, मेलेनी; एन्वी एण्ड ग्रेटीट्यूड, पृ. ५; टेबी स्टॉक, लन्दन; १९५७

यौनेच्छा की तरह अन्तर्जात नहीं माना जा सकता, जिसे सन्तुष्ट करना अनिवार्य हो। लेकिन स्कॉट यह ज़रूर मानते हैं कि मानव-शरीर में कुछ ऐसी आन्तरिक शरीर-क्रियात्मकता अवश्य है, जिसे लड़ाई के लिए बाहर से उत्तेजित किया जा सकता है।[१] इसका तात्पर्य यह है कि यदि हमारी सामाजिक संरचना में हिंसात्मक प्रतिक्रिया का उत्तेजन पैदा करने वाली परिस्थितियाँ न हों तो मनुष्य में आक्रामकता के उभरने का अवकाश ही नहीं रहेगा। *झिंग यांग कुओ* का निष्कर्ष भी स्कॉट से मिलता-जुलता है। अपने प्रसिद्ध प्रयोग द्वारा कुओ ने यह सिद्ध किया कि यदि एक बिल्ली को एक चूहे के साथ प्रारम्भ से रखा जाय तो वह बिल्ली चूहे को अपने साथी के रूप में स्वीकार कर लेती है और तब उसे कभी भी चूहों पर आक्रमण करने के लिए उत्तेजित नहीं किया जा सकता। कुओ कहते हैं कि अवयव-संस्थान का व्यवहार अपने में एक निरपेक्ष मामला है। एक प्रदत्त परिस्थिति में कोई मनुष्य या पशु किस तरह का आचरण करेगा, यह इस पर निर्भर करता है कि उसे किस तरह पाला गया और किस तरह उत्तेजित किया जा सकता है। तूलेन के प्रसिद्ध मनोवैज्ञानिक *लोह-संग-साई* ने भी अपने प्रयोगों द्वारा कुओ के निष्कर्ष को पुष्ट किया है। साई ने प्रयोग द्वारा यह दिखाया कि 'चूहे को खाने वाली एक बिल्ली तथा नाले में रहने वाले एक चूहे को एक प्लेट में खाना खिलाया जा सकता है। वैज्ञानिक अनुकूलन और सामाजिक संस्कार के समन्वय पर आधारित इस प्रयोग में एक पारदर्शी शीशे की दीवार से अलग किये गये दोनों जानवरों को सिखाया गया कि उन्हें समान भोजन के पात्र में भोजन की गोलियों को छोड़ने के लिए ढेकली को एक साथ ही दबाना है। साई का कहना है कि सात सौ प्रशिक्षण सत्रों के बाद इस दीवार को बिना किसी विघ्न के हटाया जा सका। साई का निष्कर्ष है : ''हमने विज्ञान के इतिहास में पहली बार प्रमाणित प्रयोगों द्वारा यह दिखाया है कि तथाकथित स्वाभाविक शत्रु चूहा और बिल्ली सहयोग करते और कर सकते हैं। इस प्रकार की खोज मनोविज्ञान के इस रूढ़िगत सिद्धान्त को ग़लत साबित करती है कि पशु-स्वभाव में निर्मूलन न किये जाने योग्य कलह प्रेम का सहज ज्ञान है, जो लड़ाई अथवा युद्ध को अनिवार्य बना देता है।''[२] इब्ल-इब्सफेल्ट भी

१. स्कॉट, जे.पी.; एग्रेसन; युनिवर्सिटी ऑफ़ शिकागो प्रेस, शिकागो; १९५८
२. पेज, ग्लेन डी; 'राजनीतिशास्त्र का हिंसामुक्त स्वरूप' पृ. २९; राष्ट्रीय गाँधी संग्रहालय, नयी दिल्ली; २००४

यह मानते हैं कि हिंसा न करने के आध्यात्मिक आदेश के पीछे एक जीव-वैज्ञानिक आधार है।' वह 'शान्ति के लिए विश्व-व्याप्त इच्छा का मूल संस्कृति एवं जीव-विज्ञान सिद्धान्तों के बीच उस टकराव में है, जिसके कारण मनुष्य अपने जीव-वैज्ञानिक और सांस्कृतिक सिद्धान्तों में समन्वय लाने की कामना करते हैं।''[१] पशुओं में स्वतःस्फूर्त आक्रामकता के अपवादस्वरूप ही पाये जाने के आधार पर बकॉविट्ज का निष्कर्ष है कि मनुष्यों में युद्ध के लिए कोई आन्तरिक प्रेरणा नहीं होती। वह मानते हैं कि यदि विफलता-बोध पैदा करने वाली घटनाओं तथा आक्रामकता से होने वाले लाभों की सम्भावना में कमी लायी जाय तो अन्तर्वैयक्तिक कलह की सम्भावनाओं को बहुत कम किया जा सकता है।[२]

इस प्रकार हिंसा का सवाल मानव-जाति के मूल स्वभाव का मामला नहीं है क्योंकि मूल स्वभाव परिवर्तित नहीं होता। सामाजिक या सांस्कृतिक स्वभाव में परिवर्तन सम्भव है। यह निष्कर्ष हमें हिंसा-अहिंसा के सवाल को सांस्कृतिक-ऐतिहासिक मनोविज्ञान की दृष्टि से समझने के लिए प्रेरित करता है।

इतिहास में लगातार युद्धों और हत्याओं का होना मनुष्य द्वारा हिंसा का रास्ता अपनाने का ज्वलन्त प्रमाण है। लेकिन इस आधार पर हिंसा को मानव-स्वभाव का अनिवार्य गुण नहीं माना जा सकता। इससे केवल इतना सिद्ध होता है कि कुछ परिस्थितियों में मनुष्य हिंसा का सहारा ले भी सकता है। शाकाहार और मांसाहार को लेकर भी यही तर्क दिया जा सकता है कि सभी मनुष्यों का मांसाहारी न होना इस बात के लिए यथेष्ट प्रमाण है कि मनुष्य की आहार-वरीयता उसके किसी मूल स्वभाव पर नहीं बल्कि उपलब्धता और समाजीकरण की प्रक्रिया द्वारा निर्धारित होने के कारण परिस्थिति-सापेक्ष एवं संस्कृति-सापेक्ष है। *प्रो. ग्लेन डी पेज* के इस कथन को समीचीन मानना होगा कि अधिकतर मनुष्य हत्या नहीं करते। उन सभी मनुष्यों में, जो अभी जीवित हैं और जो कभी जीवित थे, केवल कुछ ही लोग हत्यारे हैं। आप चाहे किसी समाज के मानव-हत्या के आँकड़ों पर विचार करें, यही सच है।'' पेज का तर्क है कि युद्ध में

---

१. वही, पृ. ३१
२. बकॉविट्ज, लियोनार्ड; एग्रेसन : ए सोशल साइकोलॉजिकल एनेलिसिस, पृ. २४-२५; मैक्ग्रा-हिल, न्यूयार्क, १९६२

हुई हत्याओं में मानव–समाज की आधी आबादी स्त्रियों की भागीदारी नगण्य है। पुरुषों के बारे में भी पेज लेफ्टिनेंट *कर्नल ग्रासमैन* के इस कथन से सहमत हैं कि 'युद्ध एक वातावरण है जो इसमें भाग लेने वाले अठानवें प्रतिशत लोगों को मनोवैज्ञानिक रूप से दुर्बल बनाता है। दो प्रतिशत लोग, जो युद्ध में विक्षिप्त नहीं होते, पहले से ही विक्षिप्त अर्थात् मनोरोगी होते हैं।''[१]

इस मान्यता को तन्त्रिका–वैज्ञानिकों से भी समर्थन मिलता है, जिसे *ब्रास ई. मॉर्टन* ने *न्यूरोरिएलिज्म* कहा है। मॉर्टन के शोध का निष्कर्ष है कि मानव–मस्तिष्क में उच्चतर भावनाएँ—सृजनात्मकता, परोपकार, सहयोग आदि—न्यूरोसेरेब्रल प्रणाली के अन्तर्गत आती हैं, जो हर मनुष्य के मस्तिष्क में विद्यमान हैं और जिन्हें और सक्रिय किया जा सकता है।[२] यह प्रणाली अहिंसा का आधार मानव–मस्तिष्क में मानती है। इसका सीधा तात्पर्य यह है कि इस जीव–वैज्ञानिक आधार का सांस्कृतिक मानसिकता के साथ समन्वय किया जाना चाहिए।

सांस्कृतिक मनोविज्ञान मानता है कि मनुष्य की भावनाएँ और आचरण संस्कृति–सापेक्ष होने के कारण उनके बारे में कोई सार्वभौमिक सिद्धान्त नहीं बनाये जा सकते। यदि इस आधार पर हिंसा को समझने की कोशिश करें तो कहा जा सकता है कि किसी व्यक्ति का हिंसक होना या न होना उस वातावरण पर निर्भर करता है, जिसमें उसका पालन–पोषण हुआ है। मानव–प्रकृति के रूप में आक्रामकता का मनोवैज्ञानिक अध्ययन इस मान्यता की पुष्टि करता है। मनोवैज्ञानिकों में आक्रामकता की परिभाषा और व्याख्या को लेकर कुछ मतभेद रहे हैं और कुछ लोग आत्मरक्षात्मक आक्रामकता को आक्रामकता के रूप में स्वीकार नहीं करते, लेकिन आत्मरक्षात्मक आक्रामकता भी यह तो सिद्ध करती ही है कि यह आक्रामकता अन्तर्जात नहीं बल्कि स्थिति–सापेक्ष है और एक स्थिति में दो भिन्न संस्कृतियों में दीक्षित व्यक्ति भिन्न आचरण कर सकते हैं। अमेरिका में हिंसा की स्थिति पर एक विस्तृत अध्ययन का यह निष्कर्ष उल्लेखनीय है कि 'प्रकृति हमें केवल हिंसा के लिये समर्थ बनाती है; हम उस सामर्थ्य का इस्तेमाल करें या नहीं; अथवा कैसा करें, यह हमारी सामाजिक स्थिति

---

१. पेज, ग्लेन डी; वही, पृ. ३०–३१
२. वही, पृ. ३१

द्वारा निर्धारित होता है।" इस सामाजिक परिस्थिति में सांस्कृतिक मानसिकता एक प्रमुख घटक होता है। *ओटो क्लाइनबर्ग* इसी अध्ययन के निष्कर्षों से सहमति प्रकट करते हुए कहते हैं कि हिंसा न तो सार्वभौमिक है, न अनिवार्य और न ही प्रवृत्तिगत; कुछ व्यक्तियों या व्यक्ति-समूहों में यह अधिक परिलक्षित होती है और कुछ में अत्यन्त कम। इसका क्या कारण है कि एक-सी परिस्थिति में एक व्यक्ति या समूह हिंसक हो उठता है और दूसरा नहीं होता।[१]

इस सवाल पर विचार करते हुए अमरीकी समाज-विज्ञानी *वोल्फगांग* और इतालवी मनोवैज्ञानिक *फेराकुती* की मान्यता है कि यह सम्बन्धित व्यक्ति या समूह की उपसंस्कृति पर निर्भर करता है। कुछ संस्कृतियों में रूढ़िबद्ध नैतिकता या लोक-प्रतिमान हिंसा को उचित और सम्माननीय मानते हैं, जबकि अन्य में ऐसा नहीं होता।[२] *एंड्रयू* और उनके साथियों का निष्कर्ष है कि जापानी लोगों की तुलना में अमरीकी दैहिक हिंसा की ओर अधिक शीघ्रता से उन्मुख होते हैं, जबकि जापानी लोग शाब्दिक द्वन्द्व को प्राथमिकता देते हैं। *बाउडल* एवं अन्य का अध्ययन बताता है कि उत्तरी अमेरिका के लोगों की अपेक्षा दक्षिणी अमेरिका के लोग अधिक हिंसक प्रतिक्रिया करते हैं। इसी प्रकार, भारत में जैन, वैष्णव आदि सम्प्रदायों के बारे में कहा जा सकता है कि उन संस्कृतियों में पोषित लोग सामान्य व्यवहार में कम हिंसक पाये जाते हैं। स्त्रियों में पुरुषों की अपेक्षा कम हिंसक आचरण प्रदर्शित होना भी क़ाफी हद तक उनकी सांस्कृतिक मनोरचना के कारण सम्भव होता है।

मनोविज्ञान की सांस्कृतिक-ऐतिहासिक शाखा के एक रूसी प्रवर्त्तक *व्यीगोत्स्की* के बाल-विकास के अध्ययन का निष्कर्ष है कि एक बच्चे की मनोरचना का विकास बड़ी हद तक उसकी संस्कृति और अन्तर्वैयक्तिक सम्प्रेषण पर निर्भर करता है। एक विशिष्ट सांस्कृतिक समूह में ऐतिहासिक परिस्थितिगत कारणों से कुछ उच्च मानसिक प्रकार्यों का विकास होता है और माता-पिता तथा अन्य वयस्क लोगों के साथ अन्त:क्रिया के माध्यम से व्यक्ति रूप में एक बालक अपनी सांस्कृतिक आदतें विकसित कर

१. ऑटो, क्लाइनबर्ग; वायलेंस एण्ड इट्स कॉजेज, पृ. ११४; यूनेस्को, पेरिस; १९८१
२. वही, पृ. ११५-१६

लेता है। व्यीगोत्स्की की इस अवधारणा को 'सांस्कृतिक मध्यस्थता' कहा जाता है। व्यीगोत्स्की इस सांस्कृतिक प्रशिक्षण की मानव-विकास में सर्वाधिक महत्त्वपूर्ण भूमिका देखते हैं। सांस्कृतिक मनोविज्ञान की दृष्टि से देखें तो हिंसक आचरण का विकास भी बहुत कुछ सांस्कृतिक वातावरण और तत्प्रसूत मनोरचना से प्रभावित होता है। यहाँ इस तथ्य का उल्लेख किया जाना भी संगत है कि मनुष्य के मस्तिष्क का सर्वाधिक नवविकसित हिस्सा 'सेरेबल कोर्टेक्स' है, जो हमारे आवेगों से सम्बन्धित हिस्से हाइपोथेलेमस को नियन्त्रित और सन्तुलित रखता है तथा आत्मरक्षा की स्थिति में उसे संकेत देता है। मानव-विकास में इस नियन्त्रक हिस्से का बड़ा महत्त्व है।

आक्रामकता और हिंसा के सन्दर्भ में यह सवाल उठाने की भी ज़रूरत है कि क्या आक्रामकता अनिवार्यतः हिंसक ही होती है। क्या आक्रामकता सृजनात्मक या अहिंसक भी हो सकती है? कई शरीर-क्रिया-विज्ञानी और मनोवैज्ञानिक आक्रामकता को अन्तर्जात मानते हुए भी उसे अनिवार्यतः हिंसक नहीं, बल्कि मनुष्य और समाज के लिये लाभदायक मानते हैं। फ्रायड तथा एडलर के बीच दरार का मुख्य सैद्धान्तिक कारण यही था कि फ्रायड यौनेच्छा को केन्द्रीय मान रहे थे, जबकि एडलर 'श्रेष्ठता के लिये प्रतिस्पर्धा—स्ट्राइविंग फार सुपीरियोरिटी' को जो अपने में एक आक्रामक प्रवृत्ति कही जा सकती है। एडलर ने मनुष्य में आक्रामकता की उपस्थिति को स्वीकार करते हुए उसे शुरू में शक्ति (सत्ता) की आकांक्षा—विल टु पॉवर—का नाम दिया, जो अनन्तर 'श्रेष्ठता के लिए प्रतिस्पर्धा' और अन्ततः 'पूर्णता के लिए प्रयास' के रूप में विकसित होती है। इस प्रक्रिया में आक्रामकता धनात्मक स्वरूप लेकर सामाजिक भावना में से गुज़रती हुई सम्पूर्ण जगत से जुड़ाव की आकांक्षा के रूप में अभिव्यक्त होती है। पूर्णता का लक्ष्य, एडलर के यहाँ, केवल वैयक्तिक नहीं है। यह भी स्मरणीय है कि एडलर बालक के विकास के लिए माता-पिता, परिवार और व्यापक स्तर पर पूरे सामाजिक परिवेश को उत्तरदायी मानते तथा उन्हें ऐसे प्रयास करने की सलाह देते हैं कि बालक परिवार और समाज में अपने को अन्य के समान अनुभव कर सके—क्योंकि समानता के बोध के अभाव में या तो उसमें 'हीनता-ग्रन्थि' का विकास होगा या श्रेष्ठता-ग्रन्थि का। एडलर का स्पष्ट प्रतिपादन था कि प्रत्येक व्यक्ति की अचेतन

आकांक्षा श्रेष्ठता प्राप्त करने की होती है। उसमें एक 'आत्म–आदर्श' होता है, जिसे सामाजिक और नैतिक परिवेश से सामंजस्य बिठाना पड़ता है। यदि यह सामंजस्य ठीक से नहीं बैठ पाता तो व्यक्ति में हीनता–ग्रन्थि विकसित होने लगती है, जो अहंकेन्द्रीयता, सत्ताकांक्षा और आक्रामकता के रूप में अभिव्यक्त होने लगती है। इस प्रकार, एडलर अन्तर्जात आक्रामकता को स्वीकार करते हुए भी उसका हिंसक रूप ग्रहण करना आवश्यक नहीं मानते और यदि वह हिंसक रूप ग्रहण करती भी है तो उसके लिए वह पारिवारिक–सामाजिक परिवेश को उत्तरदायी मानते हैं।[१] यहाँ इस बात की ओर भी ध्यान दिया जाना चाहिए कि खेलों तथा यथास्थिति को बदलने के सभी प्रयासों के पीछे भी इसी आक्रामकता का सृजनात्मक रूप सक्रिय होता है। सामाजिक रूढ़ियों, अन्यायपूर्ण सामूहिक संरचनाओं आदि को बदलने के लिए जो अहिंसक आक्रामकता दिखायी देती है, वह उसके सृजनात्मक रूप ग्रहण करने का ही उदाहरण है। किसी भी तरह की सृजनात्मक पहल या अहिंसात्मक विद्रोह भी मूलत: आक्रामकता के बिना सम्भव नहीं होते। सभी सुधारात्मक और समाजसेवा के कार्य भी इसी के उदाहरण हैं। यह जानना भी दिलचस्प हो सकता है कि नवफ्रायडवादी कहे जाने वाले एरिक फ्रॉम एवं उनके कई साथी मनोविश्लेषक जैविक आवेगों और आवश्यकताओं का महत्त्व स्वीकार करते हुए भी उन्हें मानवीय आचरण को प्रभावित करने वाली सर्वाधिक प्रबल प्रवृत्ति नहीं मानते। एरिक फ्रॉम के अनुसार मानवीय व्यवहार को प्रभावित करने वाले सबसे प्रबल तत्त्व उसके अस्तित्व की स्थिति अर्थात् उसके मानव होने की स्थिति में ही होते हैं। मानव–स्थिति से एरिक फ्रॉम का आशय उस ऐतिहासिक–सामाजिक स्थिति से है, जिसमें मनुष्य आज है। अपने मनोविश्लेषणात्मक अध्ययन के आधार पर फ्रॉम का निष्कर्ष है कि मनुष्य केवल जैविक आवेगों द्वारा निर्मित नहीं है, बल्कि ऐतिहासिक विकास की प्रक्रिया में जिन मानवीय प्रवृत्तियों—यथा स्वतन्त्रता, प्रेम, सामाजिकता आदि का उसमें विकास हुआ है, वे ही उसकी जीवन–शैली और आचरण को प्रभावित करने वाली प्रेरक–शक्तियाँ हैं—उन्हें किसी भी तरह जैविक आवेगों से दूसरे दर्जे की प्रवृत्तियाँ नहीं माना जा सकता।

---

१. एडलर, अल्फ्रेड; सुपीरियोरिटी एण्ड सोशल इंटरेस्ट, पृ. ४०; रुटलेज एण्ड केगन पॉल; १९६५

एरिक फ्रॉम सामाजिक चिन्तन में मूल्य का दर्जा रखने वाली स्वतन्त्रता और सामाजिकता को मनोविज्ञान या मानव-स्वभाव की सहज प्रवृत्ति बना देते हैं। वह मानते हैं कि व्यक्ति-मानव के सामाजिक चरित्र के विकास के आधार पर ही समाज का भावी विकास निर्भर करता है और स्वतन्त्रता तथा सामाजिकता के सम्मुख उपस्थित ख़तरों के बावजूद आश्वस्त हैं कि स्वतन्त्रता और प्रेम जैसी भावनाएँ किसी भी तरह समाप्त नहीं की जा सकतीं क्योंकि वे मनुष्य में ऐतिहासिक-सांस्कृतिक विकास-प्रक्रिया का परिणाम हैं।

यहाँ दो रूसी विचारकों *ब्लादिमीर सर्गेयेविच सोलोव्योव* और *पितरम अलेक्जेंड्रोविच सोरोकिन* के विचारों का भी उल्लेख अस्थाने नहीं होगा क्योंकि दोनों ही पारस्परिक सहयोग और प्रेम को समाज-वैज्ञानिक अवधारणाओं के रूप में प्रस्तुत करते हैं। उन्नीसवीं सदी के रूसी दर्शन में *सर्वसहभाव*-सोबोरनोस्त—और उसके आधार पर *अखण्ड ज्ञान*—इंटीग्रल नोलेज की अवधारणाओं का विकास हुआ। सोलोव्योव ने एक ऐसे दर्शन का विकास करने का प्रयास किया, जिसमें ज्ञान के विभिन्न अनुशासनों और विचार-प्रणालियों के बीच मिलाप हो सके। सोलोव्योव की मान्यता है कि सर्वसहभाव की अवधारणा ही वह भूमिका है, जिसके आधार पर विरोधाभासी विचारों में समन्वय किया जा सकता है। वह अपनी पुस्तक 'दि मीनिंग ऑफ़ लव' में प्रेम को हमारी अधिकांश समस्याओं-तनावों का समाधान तथा मानवीय सार्थकता का अर्जन मानते हैं। वह कहते हैं कि प्रेम हमारी अहंबद्धता का अतिक्रमण करता और मनुष्य को समग्र का लघुरूप बना देता है। वह प्रेम को दो व्यक्तियों के पारस्परिक आकर्षण या शिशु-प्रजनन से अलग और बहुत बड़ी ऐसी अनुभूति मानते हैं, जिसमें सम्पूर्ण अस्तित्व की एकता का अहसास होता है। अहंबद्धता समस्त मानसिक हिंसा का मूल है, जिसका उपचार प्रेम की वह अनुभूति है, जिसका विस्तार न केवल सब प्राणियों बल्कि समग्र अस्तित्व को अपने घेरे में ले लेता है।

सोलोव्योव की प्रेम की इस अवधारणा का सोरोकिन समाज-वैज्ञानिक दृष्टि से विश्लेषण करते हैं। वह प्रेम को जीवन में हमारी रुचि का अन्य में केन्द्रीकरण मानते हैं। मनुष्य की त्रासदी यह है कि वह स्वयं को केन्द्र में रखते हुए अन्य सब कुछ को परिधि में रखता और उनके बाह्य और

सापेक्षिक मूल्य को ही स्वीकार करता है। वह प्रेम के सात आयामों का ज़िक्र करते हैं, जिन्हें धार्मिक, नैतिक, तत्त्वमीमांसा, भौतिक, जैविक, मनोवैज्ञानिक और सामाजिक पहलू कहा गया है। *सोरोकिन* परहितवाद—अल्टुइज्म—को भी जैविक आधार पर अन्तर्जात मानते हैं क्योंकि वह विकसित जैविक अचेतन से उद्‌भूत होता है। *शेरिंगटन* जैसे तन्त्रिका विज्ञानी का भी यही मानना है कि परहितवाद का भाव जीवन के मनुष्य स्तर के विकास में ही पाया जाता है। उनके अनुसार मानव-मस्तिष्क के उच्चतम चिन्तन की परिणति परहित है। सोरोकिन के अनुसार मनुष्य की चेतना जैविक से सामाजिक स्तर पर होती हुई अन्ततः एक उच्चतर अवस्था में परिणत होती है, जिसे अतिचेतना, अतिमन—सुपरकांशस—कहा जाता है—यद्यपि वह अभी बहुत कम मात्रा में है। यह अवधारणा कुछ भेद के साथ श्री अरविन्द में भी पायी जाती है। सोरोकिन, यद्यपि, ईश्वरीय कृपा में विश्वास करते हैं, लेकिन वह यह भी मानते हैं कि विज्ञान के विकास के साथ मनुष्य-मन का ज्ञान बढ़ेगा और इससे उन विधियों का आविष्कार होने में सहायता मिलेगी, जिनके माध्यम से अहं का अतिक्रमण हो सकेगा। प्रेम, सोरोकिन के अनुसार, जीवन का प्रयोजन और सार्थकता है। यह प्रेम जितना निरपेक्ष और सर्वसमावेशी, स्थायी, सघन और विविध आयामी तथा जीवन के सब पक्षों का प्रेरक होता जाता है, एक अहिंसक संस्कृति वाले समाज के विकास की सम्भावना उतनी ही मूर्त होती जा सकती है।

मानव मूलतः हिंसक नहीं है, इस बात का सत्यापन करते हुए विश्व के जाने-माने जीव वैज्ञानिकों, मानव-विज्ञानियों, तन्त्रिका विज्ञानियों, मनोवैज्ञानिक तथा समाज वैज्ञानिकों ने सम्मिलित रूप से *सेविले* उद्‌घोषणा में कहा है : "वैज्ञानिक दृष्टि से यह कहना ग़लत होगा कि हमारे अन्दर हिंसा की प्रवृत्ति हमारे पशु-पूर्वजों से उत्तराधिकार के रूप में मिली है। वैज्ञानिक दृष्टि से यह कहना असत्य होगा कि मानव-स्वभाव में युद्ध अथवा किसी भी हिंसक व्यवहार की रचना आनुवंशिक रूप से हुई है...वैज्ञानिक दृष्टि से यह कहना असत्य है कि मानव के क्रमिक विकास में अन्य प्रकारों की तुलना में आक्रामक व्यवहारों का अधिक चुनाव हुआ है...वैज्ञानिक दृष्टि से यह कहना भी असत्य है कि युद्ध का कारण अन्तःप्रेरणा अथवा कोई एक प्रेरणा है।" इस घोषणा में यह भी

कहा गया है कि "हमारा निष्कर्ष है कि मनुष्यता युद्ध के लिए जीवविज्ञान द्वारा अभिशप्त नहीं है और जिस प्रजाति (अर्थात् मानव-जाति) ने युद्ध का आविष्कार किया, वही शान्ति का आविष्कार करने में भी समर्थ है।"

स्पष्ट है कि हिंसा का सवाल जीव वैज्ञानिक नहीं, बल्कि सामाजिक-सांस्कृतिक सवाल है। हमारी समाजीकरण की प्रक्रिया अभी तक हिंसा के औचित्य या उसके द्वारा प्रदत्त बल का सम्मान करती अर्थात् उसे वांछनीय मान लेती है। *ब्रूस दि बोंता* ने अपने शोध के दौरान ऐसे सैंतालीस जनजातीय समाजों की खोज की है, जहाँ अत्यधिक पारम्परिक सामंजस्य तथा नगण्यतम हिंसा है।[१] यदि हिंसा मनुष्य का मूल स्वभाव होती तो किसी भी समाज में ऐसा नहीं हो सकता था। उनका निष्कर्ष है कि "आधे से अधिक शान्तिप्रिय समाजों में हिंसा का कोई रिकार्ड नहीं है, वे कभी-कभार ही वयस्कों को दण्डित करते हैं (जाति-बहिष्कार की धमकी को छोड़कर), वे बाहरी समाजों के साथ उसी प्रकार अन्तःकलहों का समाधान करते हैं, जिस प्रकार आपसी अन्तःकलहों का। वे आन्तरिक विवादों का हल करने के लिए बाहरी सरकारी सहायता नहीं लेते और उनमें अन्तःकलह के विषय में बहुत अधिक नकारात्मक सोच है।"[२]

स्टेनफोर्ड विश्वविद्यालय के तेइस मनोचिकित्सकों की हिंसा के सवाल पर गठित समिति का निष्कर्ष कहता है : "मानव-स्वभाव के बारे में जितना हमारा ज्ञान है, उसके आधार पर हम कह सकते हैं कि हिंसा का युग समाप्त हो सकता है—यदि हम दूसरे विकल्पों को अपनाने का निश्चय करें।"[३]

मानव-जाति में भाषा का विकास भी उसकी चेतना-प्रक्रिया के एकत्व की ओर संकेत करता है। चॉमस्की का 'सार्वभौमिक भाषिकी' के सिद्धान्त के अनुसार चेतना के माध्यम भाषा के विविध रूपों में, मूलतः एक ही भाषा-तन्त्र अन्तर्भूत है, जैसे जीवन के विविध रूपों में एक ही जीवन-

१. पेज, ग्लेन डी; वही, पृ. ३५-३६
२. वही, पृ. ३६
३. वही, पृ. ३३

तत्त्व का प्रस्फुटन है। यह अन्त:सांस्कृतिक सम्प्रेषण का आधार है, जिसके बिना विभिन्न विचारों में सम्वाद सम्भव ही नहीं है और सम्वाद एकत्व की ही अभिव्यक्ति है।[१]

---

१. मिश्र, अंजू ठड्ढा; अहिंसा विश्वकोश (सं. नन्दकिशोर आचार्य), पृ. ७४६-४८; प्राकृत भारती अकादेमी, जयपुर; २०१४

अहिंसा की व्यवहार्यता

अहिंसा को एक मूल्य के रूप में स्वीकार करने का निहितार्थ जीवन के सभी रूपों—वैयक्तिक और सामूहिक जीवन के सभी रूपों—में अहिंसा-बोध की अभिव्यक्ति है। इसका सीधा तात्पर्य यह है कि न केवल हमारे निजी व्यवहार बल्कि सभी प्रकार की क्रियाशीलताएँ—आर्थिक-राजनीतिक एवं सामाजिक-सांस्कृतिक क्रियाशीलताओं सहित—सदैव अहिंसा के भाव से प्रेरित और सम्भव सीमा तक उसके अनुकूल तथा उसे सम्पोषित करने वाली होनी चाहिए। जीवन मात्र के—बल्कि अस्तित्व मात्र के—प्रति लगाव, प्रेम, करुणा, अनुकम्पा का भाव अर्थात् जीवन के एकत्व के सूक्ष्मतर बोध से प्रेरित भाव और आचरण अहिंसा है। यह अहिंसा ही नैतिकता की मूल जड़ है।

जीवन के विकासवादी सिद्धान्त के अनुसार मनुष्य विकास का अद्यतन श्रेष्ठतम स्तर है। दार्शनिक उसमें चेतना की चरम अभिव्यक्ति खोजते हैं और सृष्टि में उसकी हैसियत को केन्द्रीय मानते हैं। इसलिए किसी भी सामाजिक व्यवस्था की कसौटी यही मानी जा सकती है कि उसके अन्तर्गत मनुष्य के बहुआयामी विकास को किस सीमा तक एक उचित वातावरण और सुविधाएँ मिलती हैं, लेकिन जब हम यह स्वीकार करते हैं कि मनुष्य जैविक विकास का सर्वश्रेष्ठ स्तर है तो यह भी देखना होगा कि यह श्रेष्ठत्व क्या केवल मनुष्य के अधिकारों में वृद्धि करता है या कि उसकी श्रेष्ठता उसे अधिक उत्तरदायी भी बनाती है। मनुष्य सबसे श्रेष्ठ है, क्या इसका तात्पर्य यह होना चाहिए कि इसलिए अन्य सब कुछ उसके अबाध उपयोग के लिए है, जिसे वह स्वेच्छाचारी तरीक़े से इस्तेमाल कर सकता है? वह श्रेष्ठ है, इसलिए क्या प्रकृति और जीव-जगत का

शोषण, दोहन और दमन–उत्पीड़न का उसे अबाध अधिकार है? क्या श्रेष्ठता का तात्पर्य यह नहीं है कि इस श्रेष्ठता के कारण शेष जीवन और जगत के संरक्षण और पोषण का दायित्व भी उस पर आ जाता है?

यदि हम इस तर्क को मान लेते हैं कि सबसे श्रेष्ठ होने के कारण उसे अपने से हीनतर का अपनी इच्छानुसार उपयोग करने का अधिकार है तो हमें यह भी देख लेना चाहिए कि इस तर्क की चरम परिणति क्या होगी। क्या तब हम यह स्वीकार नहीं कर रहे होंगे कि श्रेष्ठतर को अपने हीनतर का अपने लिए इस्तेमाल करने का अधिकार है? यदि यही तर्क हम मानव–समाज पर भी लागू कर दें तो क्या अधिक शक्तिशाली और विकसित मनुष्यों, समाजों या राष्ट्रों को यह सर्वमान्य अधिकार होना चाहिए कि वे अपने से कमज़ोर मनुष्यों, समाजों या राष्ट्रों का उपयोग अपने लिए कर सकें? क्या हम ऐसा मानने के लिए राजी हैं?[१]

यह आपत्ति की जा सकती है कि मनुष्य का मनुष्य के प्रति व्यवहार और मनुष्य का मनुष्येतर जीवन के साथ व्यवहार दो फ़र्क़ बाते हैं और उनके लिए एक ही कसौटी नहीं बनायी जा सकती। मनुष्य और पशु में फ़र्क़ है, इसलिए मनुष्य और पशु के प्रति किये जा रहे आचरण में फ़र्क़ होना स्वाभाविक और संगत है। यदि हम इस तर्क को मान लेते हैं तो उससे भी क्या यह ध्वनित नहीं होता है कि मनुष्य और पशु द्वारा किये जा रहे आचरण में भी फ़र्क़ होना चाहिए। मनुष्य किसके प्रति आचरण कर रहा है, इससे पहले यह बात समझ लेना आवश्यक है कि आचरण करने वाला मनुष्य है, जो चेतना–सम्पन्न मूल्यस्रष्टा उत्तरदायी प्राणी है, इसलिए उसके आचरण में मानवत्व और मूल्यबोध हर स्तर पर प्रतिबिम्बित होना वांछनीय है। ऐसा नहीं है कि वह मनुष्यों के बीच ही मनुष्य रहता है और जड़ प्रकृति के बीच जड़ तथा पशुओं के बीच जाने पर पशु हो जाता है। ऐसी स्थिति में उसके लिए जहाँ यह समझ ज़रूरी है कि वह मनुष्य और इतर जीवन के फ़र्क़ को भी समझे, वहीं यह भी आवश्यक है कि वह इस तथ्य को न भूले कि मनुष्य होने के नाते उसके आचरण में वह मूल्यबोध और श्रेष्ठताप्रसूत उत्तरदायित्व भी प्रतिबिम्बित होने चाहिए, जो उसे मनुष्य

---

१. आचार्य, नन्दकिशोर; संस्कृति का व्याकरण; पृ. १४–१५; वाग्देवी प्रकाशन, बीकानेर; १९९७

बनाते हैं।[1] यदि अहिंसा एक मानव-मूल्य है तो हर सम्भव सीमा तक मनुष्यों के निजी और सामाजिक जीवन और व्यवस्थाओं में भी वह प्रतिबिम्बित होनी चाहिए—हर सम्भव सीमा तक—सिर्फ़ उन परिस्थितियों को छोड़कर जिन्हें जैन-दर्शन में आरामिनी, विरोधिनी तथा उद्योगिनी (अत्यन्त अल्प सीमा में) हिंसा कहा गया है। इसलिए, यह समझ विकसित होनी ज़रूरी है कि हिंसा सिर्फ़ व्यक्तिगत प्रवृत्ति नहीं है, वह सांस्थानिक-सामाजिक स्तर पर समाज के विश्वासों और आचरण में भी प्रतिफलित होती रहती है। इसे संरचनागत—स्ट्रक्चरल—हिंसा कहा गया है, जिसमें हम आर्थिक-राजनीतिक-सामाजिक हिंसा के साथ बौद्धिक-सांस्कृतिक और उस विचारधारात्मक या साधनात्मक हिंसा को भी शामिल कर सकते हैं, जो कई बार संरचनागत हिंसा का हिंसक प्रतिरोध होती है। जाति, नस्ल, वर्ग, भाषा, राष्ट्र और धार्मिक सम्प्रदाय आदि के आधार पर अपने को श्रेष्ठ तथा अन्य को अपने से ओछा या हीन समझना हिंसा का ही सूक्ष्म रूप है।

इसलिए हम उसी सामाजिक-आर्थिक-राजनीतिक एवं सामाजिक-सांस्कृतिक संरचनाओं या नीतियों-व्यवस्थाओं को उचित और वांछनीय कह सकते हैं, जो मनुष्य की अहिंसोन्मुख चेतना के विकास के लिए उपयुक्त और प्रेरक वातावरण की भूमिका निबाह सके। दूसरे शब्दों में, हमारी पूरी समाज-व्यवस्था का भी आधार विधायी अर्थ में अहिंसा को ही होना चाहिए, तभी विकास की प्रक्रिया में मानव एक चेतन-प्राणी होने के नाते अपने उत्तरदायित्व को निबाह सकेगा। इसलिए यह ठीक ही कहा गया है चरम मूल्य की सिद्धि के लिए 'कला-कौशल, भौतिक सामग्री और संस्थाएँ' आदि भी मूल्यवान् हैं, जिन्हें साधनात्मक मूल्य कहा जा सकता है[2] क्योंकि "एक संस्कृत व्यक्ति अपनी ज़रूरत को ऐसे ढंग से पूर्ण करता है कि उसकी पूर्ति के साथ किसी ऊँचे मूल्य का लाभ भी हो जाय...एक संस्कृत व्यक्ति के जीवन में बहुत-सी उपयोगी क्रियाएँ एक ऐसे कार्यक्रम का अंग बन जाती हैं, जिनका उद्देश्य कतिपय मूल्यों एवं

---

१. आचार्य, नन्दकिशोर; संस्कृति का व्याकरण; पृ. १५-१६; वाग्देवी प्रकाशन, बीकानेर; १९९७

२. देवराज, नन्दकिशोर; संस्कृति का दार्शनिक विवेचन, पृ. १६५; सूचना विभाग, लखनऊ; १९५७

आदर्शों की प्राप्ति होता है...संस्कृत व्यक्ति जीवन की तुच्छ से तुच्छ वस्तुओं तथा क्रियाओं को ब्रह्माण्ड के सारे तथ्यों एवं मूल्यों की पृष्ठभूमि में देखता है।''[१] जो बात व्यक्ति के बारे में सच है, वही पूरे मानव–समाज पर भी लागू होती है।

अहिंसा, इसलिए, मानव केन्द्रित नहीं, बल्कि समग्रता–मूलक है तथा तात्त्विक–संवेदनात्मक स्तर पर समस्त मानवीय और मानवेतर सृष्टि के साथ अस्तित्वगत अद्वैत का अनुभव है। अहिंसा का सम्पूर्ण अस्तित्व के साथ उत्तरदायित्वपूर्ण सम्बन्ध है, इसलिए यह स्वाभाविक है कि सृष्टि की प्रत्येक वस्तु के साथ मनुष्य का रिश्ता एक मर्यादा से अनुशासित हो। लेकिन इस मर्यादा का आधार क्या है? जिसे हम मर्यादापूर्ण, नैतिकता धर्मसम्मत आचरण कहते हैं, उसकी कसौटी क्या है? उसकी कसौटी वही है, जो महाभारतकार के शब्दों में, दूसरे के प्रति ऐसा कुछ नहीं करना है, जो यदि हमारे प्रति किया जाय तो हमें प्रतिकूल लगे—*आत्मानां प्रतिकूलानि परेषां न समा–चरेत।* इस 'पर' में मानवेतर सृष्टि भी शामिल है। इस मर्यादा का उल्लंघन हिंसा है। इस अहिंसा–बोध की व्याप्ति केवल सामाजिक सम्बन्धों तक ही नहीं, बल्कि हर स्तर पर है। हमारी परम्परा में कर्तव्य पर अधिक आग्रह इसलिए है कि हमारे कर्तव्य अन्य का हम पर अधिकार है और अन्य के अधिकार का सम्मान ही हमें अहिंसक बनाता है। तात्पर्य यह कि प्रत्येक व्यक्ति या वर्ग के कर्तव्यों में अन्य के अधिकार की स्वीकृति है—और स्मरणीय यह है कि अधिकार को तो स्वेच्छापूर्वक छोड़ा भी जा सकता है, लेकिन कर्तव्य से कोई छूट नहीं है।[२] यदि भारतीय परम्परा में सम्पूर्ण जीवन को ऋणशोधन का यज्ञ माना गया है तो यह मूलतः उस समग्रतामूलक अहिंसा–दृष्टि से प्रसूत विधान है, जो सम्पूर्ण सृष्टि के साथ मनुष्य के रिश्तों की मर्यादा निर्धारित करता है। इस आधारभूत एकत्व की अनुभूति और उससे उपजी अहिंसा–दृष्टि के फलस्वरूप हमारी संस्थाओं को ही नहीं, विज्ञान और तकनीकी को भी उसी आधार पर विकसित किया जाना वांछनीय है, जिसमें मानवेतर

---

१. देवराज, नन्दकिशोर; संस्कृति का दार्शनिक विवेचन, पृ. १७५; सूचना विभाग, लखनऊ; १९५७

२. आचार्य नन्दकिशोर; अहिंसा विश्वकोश, पृ. ४१, प्राकृत भारती अकादेमी, जयपुर; २०१४

जगत के साथ हमारा सम्बन्ध समन्वय और कृतज्ञता का हो जाता है।

स्वतन्त्रता, समानता और बन्धुत्व के तीनों प्रेरक सिद्धान्त भी, मूलतः अहिंसा के ही विभिन्न रूप हैं—चाहे फ्रांसीसी क्रान्ति में इनके विस्फोट का सन्दर्भ हिंसापूर्ण रहा हो। यही कारण है कि लोकतन्त्र, समतापरक समाज और अन्तरराष्ट्रीयता तथा वैश्विकता की धारणाएँ परस्पर सम्बद्ध धारणाएँ हैं क्योंकि उन सब का उत्स सबकी समानता के बोध से प्रसूत अहिंसा की वह विधायी प्रवृत्ति है, जो मनुष्य के वास्तविक अर्थों में मनुष्य हो सकने का मूल आधार है। यह ठीक है कि अभी इन सबके रूप पूर्ण तो क्या सन्तोषजनक भी नहीं हैं और दुनिया की बड़ी आबादी अपने अस्तित्व की जैविक समस्याओं के संघर्ष में ही उलझी रहती है। यद्यपि उसका भी मूल कारण क्या यही नहीं है कि हमारी संस्थाएँ और सार्वजनिक आचरण अधिकांशतः हिंसा का ही सूक्ष्म प्रतिफलन हैं। दूसरी ओर मानव-चेतना को अपनी देह और सन्तान-परिवार से लेकर जाति, क्षेत्र, सम्प्रदाय और राष्ट्र तक के छोटे-बड़े दायरों में ही बाँधा जाता रहा है। उसका सम्पूर्ण जीवन तक विस्तार नहीं हो पा रहा, जो उसकी सही व स्वस्थ दिशा है। अस्मिता का बोध एक जैविक-सांस्कृतिक आवश्यकता है, लेकिन तब प्रत्येक की अस्मिता का सम्मान एक नैतिक उत्तरदायित्व बन जाता है। यदि अस्मिता-बोध आक्रामक या हिंसक अस्मिता में बदल जाय तो यह अपनी वास्तविक अस्मिता को भूल जाना है—अपनी नैतिक-आध्यात्मिक और मानव-अस्मिता को। गीता की शब्दावली में कहें तो यह 'स्मृतिभ्रंश' है।

अहिंसक मानव-विकास का तात्पर्य है जीवन की गरिमा, उसके सभी रूपों का सम्मान और सर्जनात्मकता—आत्मसिद्धि—का विकास। इसलिए, वे सारी विचारधाराएँ और संस्थाएँ हिंसक या जीवन-विरोधी कही जा सकती हैं जो स्वतन्त्र सर्जनशीलता को किसी भी प्रकार से कुंठित करती हों। इसलिए, समकालीन पूँजीवादी और सर्वसत्तावादी और साम्प्रदायिक राष्ट्रवादी व्यवस्थाएँ बुनियादी अर्थों में जीवन की विकास-प्रक्रिया पर आघात करने वाली ही मानी जायेंगी क्योंकि वे परोक्ष या प्रत्यक्ष रूप से स्वतन्त्र सर्जन-चेतना का किसी-न-किसी प्रकार से दमन या जड़ीकरण करती हैं। स्वतन्त्रता और समानता एकसाथ अर्जित कर लेना बहुत से लोगों को एक कल्पना लगती है, लेकिन एक के बिना दूसरी की कोई

वास्तविक सार्थकता नहीं है। मानवाधिकारों की सार्वभौमिक घोषणा की प्रस्तावना में मानव-परिवार के प्रत्येक सदस्य की स्वतन्त्रता, समानता और गरिमा पर विचार करते समय *कम्युनिस्ट मेनीफेस्टो* के उस आदर्श की ओर ध्यान जाना स्वाभाविक है, जिसमें प्रत्येक का स्वतन्त्र विकास ही सबके स्वतन्त्र विकास की अनिवार्य शर्त है। यही महात्मा गाँधी का *स्वराज* भी है और जोहन गाल्जंग द्वारा प्रस्तावित वह 'मानवीय आत्म-सिद्धि' जिसके रास्ते में प्रत्येक निवारणीय बाधा हिंसा का ही रूप है। अहिंसा की दृष्टि से देखें तो इस 'प्रत्येक' में मानव-जगत के साथ-साथ सम्भव सीमा तक मानवेतर जगत को भी शामिल माना जाना चाहिए। निश्चय ही इसके लिये रचनात्मक संघर्ष के विभिन्न रूपों के विकास की आवश्यकता होगी लेकिन इस संघर्ष में ज़रूरी है उस सुन्दर को, उस न्याय को पहचानते रहना, जिसके लिये यह सारा संघर्ष है। यह ध्यान रखना भी आवश्यक है कि संघर्ष की प्रक्रिया ही कहीं अमानवीय या जीवन-विरोधी न हो जाय। मानवाधिकारों के घोषणा-पत्र के तीसवें अनुच्छेद में जैसे यह स्पष्ट कर दिया गया है कि उस घोषणा-पत्र की किसी भी बात की व्याख्या इस प्रकार नहीं की जा सकती, जिससे किसी भी राज्य, व्यक्ति या संगठन को घोषणा-पत्र में प्रस्तावित किसी भी मानवाधिकार या स्वतन्त्रता का हनन करने वाले कार्य करने की छूट मिलती हो, उसी प्रकार अहिंसक समाज की स्थापना के संघर्ष में भी हिंसक संघर्ष का कोई नैतिक औचित्य नहीं है क्योंकि अहिंसा समस्त नैतिकता का मूल या परम धर्म है।

लेकिन जैसा कि हम जानते हैं, हिंसा-अहिंसा का सवाल मात्र वैयक्तिक आचरण का सवाल नहीं है। हम यह भी समझ चुके हैं कि मनुष्य प्रवृत्ति से अनिवार्यत: हिंसक नहीं है। वह हिंसा करने में समर्थ है यदि बाह्य परिस्थितियाँ उसे *'मनसा वाचा कर्मणा'* हिंसा के लिये उत्तेजित करने वाली हों और सांस्कृतिक मनोविज्ञान हमें यह भी बताता है कि कुछ ऐतिहासिक कारणों से हमारी सांस्कृतिक मनोरचना में कुछ ऐसे विश्वास बद्धमूल होते हैं, जो कई बार हिंसा की वांछनीयता को समर्थन देते हैं जोहन गाल्जंग ने प्रत्यक्ष हिंसा को एक घटना, संरचनागत हिंसा को प्रक्रिया तथा सांस्कृतिक हिंसा को अपरिवर्तनीय मानते हुए यह मत प्रकट किया है कि सामान्यत:, हिंसा की कारण-शृंखला सांस्कृतिक से प्रवाहित

होकर संरचनागत प्रक्रियाओं से गुज़रती हुई प्रत्यक्ष हिंसा में परिणत होती है। सांस्कृतिक विश्वास हिंसा को औचित्य प्रदान कर सकते हैं,[१] जैसाकि हम नस्लीय श्रेष्ठता, पितृसत्तात्मकता, जन्मगत वर्ण-व्यवस्था, अस्मितामूलक उग्र राष्ट्रवाद, ऑनर किलिंग, औद्योगीकरण, योग्यता का अस्तित्व जैसे कई मामलों में देख सकते हैं। प्रत्यक्ष हिंसा को तो हम भलीभाँति पहचान सकते हैं, लेकिन संरचनागत और सांस्कृतिक हिंसा की पहचान के रास्ते में कई मनोवैज्ञानिक और विचाराधात्मक बाधाएँ आ जाने के कारण उनकी पहचान कुछ मुश्किल होती है। इस बात की भी अनदेखी नहीं की जानी चाहिए कि कई बार दीर्घ ऐतिहासिक प्रक्रिया के चलते संरचनागत प्रक्रियाएँ भी सांस्कृतिक मनोरचना का ही हिस्सा बन जाती हैं क्योंकि उनकी दीर्घजीविता को उनके सनातन सत्य होने के दावे की तरह पेश किया जाने लगता है।

लेकिन यदि अहिंसा का विचार सभी प्रमुख धर्मों और वैज्ञानिक-मनोवैज्ञानिक एवं तन्त्रिकाविज्ञानी शोधों द्वारा समर्थित-सम्पोषित है तो यह देखना होगा कि क्या हमारी संरचनाएँ अपनी प्रक्रिया में अहिंसात्मक हैं क्योंकि अहिंसा कोरा लक्ष्य नहीं है, उसकी सिद्धि प्रक्रियागत ही हो सकती है। इसीलिए, महात्मा गाँधी 'साध्य-साधना की एकता' के विचार का प्रतिपादन करते हैं क्योंकि साधन ही हमारे नियन्त्रण में होता है—साध्य तो भविष्य पर निर्भर करता है। यदि डॉ. देवराज की पदावली का प्रयोग करें तो कह सकते हैं कि साधनात्मक मूल्यों के माध्यम से ही साध्य मूल्यों की सिद्धि सम्भव है।

मनुष्य और अन्य प्राणियों में एक बुनियादी फ़र्क़ यह है कि अन्य प्राणी जहाँ अपनी परिस्थिति को बदल सकने के बजाय स्वयं को उसके अनुकूल कर लेते हैं और ऐसा न कर पाने पर नष्ट हो जाते हैं, वहीं मनुष्य में यह सामर्थ्य होता है कि वह परिस्थिति को अपने अनुकूल परिवर्तित और नियन्त्रित कर सकता है। इसमें केवल भौगोलिक या प्राकृतिक परिस्थिति ही नहीं, मानवीय परिस्थिति भी शामिल है। मानवीय परिस्थिति से हमारा तात्पर्य मानवनिर्मित परिस्थिति से है, जिसके आयाम वैयक्तिक से लेकर ब्रह्माण्डीय तक हो सकते हैं। कुछ लोग यह आपत्ति कर सकते हैं कि जो

१. गाल्जंग जोहन; पीस बाई पीसफल मीन्स, पृ. २०५-६, सेज पब्लिकेशंस, नयी दिल्ली; १९९६

भी परिवर्तन होता है, वह किसी इतिहास-देवता की योजना के अनुसार होता है, जो मनुष्य के नियन्त्रण और निर्देश में नहीं है। दूसरे शब्दों में, इसका अर्थ यह होता है कि स्वयं मनुष्य इतिहास का माध्यम मात्र है, उसका निर्माता नहीं, लेकिन यह एक दीगर बहस है।

फ़िलहाल, सवाल यह है कि मनुष्य में परिस्थिति को अपने अनुकूल करने का सामर्थ्य है या नहीं—चाहे इस सामर्थ्य का इस्तेमाल वह अपने अनुसार करे या इतिहास की योजना के अनुसार। जिसे हम इतिहास की योजना के अनुसार हुआ कहते हैं, वह भी किया मनुष्य ने ही है और, इसलिए ब्रेडम एलेनबी का यह कथन स्वीकरणीय लगता है कि प्राकृतिक और मानवीय के बीच का फ़र्क़ अब मात्र छलावा है—'अब केवल मानवीय इतिहास है।'[१] यदि हम यह मानते हैं कि मनुष्य अपनी परिस्थितियों को अपने अनुकूल नियन्त्रित कर सकने में समर्थ है तब हमें यह सोचना होगा कि वह क्या है जो मनुष्य के अनुकूल—किसी एक मनुष्य के नहीं, पूरी मानव-जाति के अनुकूल। हिंसक संरचनाएँ और तत्प्रेरित हिंसक व्यवहार मानव-जाति के भावी विकास के लिये वांछनीय हैं या एक अहिंसक विकल्प की तलाश और उसकी चरितार्थता की कोशिश। "उपनिषद के ऋषियों ने शिक्षा दी थी कि 'अपने को जानो' (आत्मनांविद्धि)। अपने को जानने का अर्थ केवल यही जानना नहीं है कि हम इस समय क्या हैं। उसे जानने के मानी यह भी हैं कि हम अपने जीवन की सम्भावनाओं को समझें और यह जानें कि हमें क्या होना चाहिए। आत्मज्ञान का उचित अर्थ है उन समस्त बौद्धिक-नैतिक और सौन्दर्यमूलक सम्भावनाओं को जानना जो मानव-जीवन में यथार्थ बनायी जा सकती हैं, उसका अभिप्राय मानव-जीवन के उन क्षणों को जानना है, जिनमें वह सप्राण तथा प्रशस्त रूप में, अस्तित्व के विभिन्न धरातलों पर वर्तमान रहा है।"[२] यह स्पष्ट करने की ज़रूरत नहीं होनी चाहिए कि इस आत्मज्ञान के लिए जोहन गाल्जंग द्वारा प्रस्तावित 'मानवीय आत्मसिद्धि' को सम्भव करना अनिवार्य है, यदि यह आत्मज्ञान सम्पूर्ण मानव-जाति के लिए है।

---

१. एलेनबी, ब्रेडन; पल्स : दि नेक्स्ट फ्रंटियर, पृ. २९२; लिटिल ब्राउन, लन्दन; २००६

२. देवराज, नन्दकिशोर; वही, पृ. ३६४

अहिंसा का आर्थिक आयाम

यदि अहिंसा जीवन का नियम, प्रेरणा और कसौटी है—और इन तीनों को अलग-अलग नहीं किया जा सकता है—मानवीय चेतना के विकास का एक निहितार्थ मनुष्य और उसकी सभी क्रियाशीलताओं और संस्थाओं में अहिंसा का निरन्तर व्यवहार और विकास होगा और तब यह देखना होगा कि उन सब में अहिंसा का प्रतिबिम्बन और प्रतिफलन होता है या नहीं। इस दृष्टि से आर्थिक जीवन और उसकी प्रक्रियाओं को—और इसलिए विकास को भी—अहिंसा की परिधि के भीतर उसकी कसौटी पर ही समझा जाना चाहिए।

किसी भी मानवीय क्रियाशीलता को, सामान्यतः उसके प्रयोजन, प्रक्रिया और परिणाम अर्थात् उससे होने वाले लाभ के सन्दर्भ में समझा जाता है। इस दृष्टि से आर्थिक क्रियाशीलता और संस्थानों को भी इन्हीं तीन बातों के सन्दर्भ में समझने की कोशिश में इस बात पर भी ग़ौर किया जाना वांछनीय होगा कि इन तीनों में अहिंसा का प्रतिफलन कितना हो रहा है। आर्थिक क्रियाशीलता का सम्बन्ध उत्पादन और उसकी प्रक्रिया और परिणामों से है अर्थात् तब यह देखना होगा कि उत्पादन का प्रयोजन, उसकी प्रक्रिया तथा उससे होने वाले लाभ के वितरण की व्यवस्था कितनी हिंसक या अहिंसक है—और यदि वह हिंसा की ओर अधिक उन्मुख है तो क्या उसे अहिंसक बनाया जा सकता है।

पहले प्रयोजन की दृष्टि से विचार करें। उत्पादन का प्रयोजन, वस्तुतः, जीवन की स्वस्थ आवश्यकताओं की पूर्ति करना है। यह माना जाता है कि इसलिए उत्पादन में निरन्तर बढ़ोतरी आवश्यक है। यह देखना चाहिए कि क्या वर्तमान उत्पादन इस कसौटी पर खरा उतरता है। आधुनिक

अर्थशास्त्र के पिता एडम स्मिथ का मानना था कि उत्पादन में वृद्धि के साथ एक अदृश्य हाथ समाज के निम्न स्तरों को उसके लाभ पहुँचा देगा। तात्पर्य यह कि उत्पादन-वृद्धि में किसी तरह का हस्तक्षेप न किया जाय तो वह सारे समाज के लिये लाभदायक सिद्ध हो जायगी। एक और अर्थशास्त्री एल्फ्रेड मार्शेल का सुझाव था—और वर्तमान अर्थव्यवस्था उस पर चल भी रही है—कि उत्पादन में निरन्तर वृद्धि के लिये हमें कृत्रिम माँगों यानी ग़ैरज़रूरी आवश्यकताओं की रचना करनी होगी। उत्पादन इस तरह की वृद्धि को विकास कहा गया और उसके आकलन के लिए सकल राष्ट्रीय उत्पाद या सकल घरेलू उत्पाद (जी.एन.पी. या जी.डी.पी.) का पैमाना इस्तेमाल किया जाना था।

इसमें कोई सन्देह नहीं कि वैश्विक सन्दर्भ में देखें तो उत्पादन में वृद्धि तो हुई है और इस दृष्टि से अर्थ-व्यवस्था को इस उद्देश्य में सफल माना जा सकता है और इसीलिए अधिकांश अर्थशास्त्री यह मानने लगते हैं कि 'उत्पादन की समस्या' हल हो गयी है। शुमाकर जैसे अर्थशास्त्रियों के अनुसार यह मान्यता एक भ्रान्ति है।[१] उनका तर्क है कि "हम यह नहीं समझ पा रहे हैं कि 'वह जिस आधार पर खड़ी है, उसी का भक्षण कर रही है'। अर्थशास्त्र की भाषा में कहना हो तो कहा जायगा कि वह अपूरणीय पूँजी को आय समझकर खाये जा रही है।"[२] शुमाकर का इशारा अपूरणीय प्राकृतिक संसाधनों के साथ मानव-जीवन के सत्त्व में क्षरण से भी है।

यहाँ इस बात की भी अनदेखी नहीं की जा सकती कि इस वृद्धि के लाभों के 'अदृश्य हाथ' के माध्यम से समाज के निम्न स्तरों तक पहुँच जाने का दावा भी मिथ्या साबित हुआ है। यह सोचा गया था कि प्रति व्यक्ति जी.एन.पी. में वृद्धि के साथ रोज़गार और आर्थिक अवसरों में भी बढ़ोतरी होगी और लाभ को सब तक पहुँचाया जा सकेगा लेकिन "अर्थशास्त्रियों ने जैसा सोचा था, वह विकासशील देशों के सन्दर्भ में नहीं हुआ। 'प्रच्छन्न हाथ' ने कोई जादू की छड़ी नहीं छुलाई। विकास का लाभ जनसंख्या के एक छोटे-से हिस्से तक ही सीमित रहा, वह

१. शुमाकर, ई.एफ; समुचित तकनीकी : बेहतर भी, कारगर भी ('स्माल इज ब्यूटिफुल' का अनुवाद) पृ. ११; राधाकृष्ण प्रकाशन, दिल्ली; १९९७
२. वही, पृ. १६

आम आदमी तक नहीं पहुँच सका।''[१]

यह भी स्पष्ट है कि जो उत्पादन-वृद्धि हासिल हुई है, उसमें कृत्रिम ज़रूरतों के लिये किये जा रहे उत्पादन का योगदान अत्यन्त महत्त्वपूर्ण है, जबकि अनावश्यक उत्पादन और उपभोग के कारण हो रही प्राकृतिक संसाधनों की हिंसक बर्बादी और समाज में बढ़ रही विलासिता और उसके कारण बढ़ रही आर्थिक होड़ के मनोवैज्ञानिक एवं नैतिक प्रभावों की हम अक्सर अनदेखी कर देते हैं। महात्मा गाँधी के लिये तो 'सभ्यता, सही अर्थों में आवश्यकताओं के बहुलीकरण में निहित नहीं है, बल्कि उनमें सोच-समझकर स्वैच्छिक रूप से कमी करने में है।''[२] यदि मनुष्य एक नैतिक प्राणी है तो उसे उपभोग की वस्तुओं के परिग्रह और सम्पत्ति के नैतिक प्रयोजन पर भी विचार करना चाहिए, लेकिन आधुनिक अर्थशास्त्र के पिता कहे जाने वाले एडम स्मिथ ने भी 'मोरल सेंटीमेंट्स' में उठाये गये सवालों को दरकिनार कर 'वेल्थ ऑफ़ नेशंस' में यह प्रतिपादित किया कि मनुष्य का आर्थिक जीवन और विकास उसकी बुनियादी स्वार्थ-वृत्ति से प्रेरित और निर्देशित है, इसलिए नैतिकता से उसका सम्बन्ध अनिवार्यतः विरोध का ही हो सकता है—जबकि अहिंसा तो समस्त नैतिकता का स्रोत है। कृत्रिम ज़रूरतों की रचना करने वाला अर्थशास्त्र, वास्तव में, मनुष्य को केवल ऐन्द्रिक अस्तित्व अर्थात् ख़रीदार उपभोक्ता मात्र मानता है। इसलिए उपभोग में वृद्धि ही एक जीवन-मूल्य के रूप में स्थापित की जाती है—मनुष्य को उपभोक्ता मान लेने और उसके उपभोग को बढ़ाते रहकर अपना विकास करती रहने वाली अर्थव्यवस्था ने न केवल प्रकृति बल्कि मनुष्य के प्रति भी एक हिंसक रुख़ ही विकसित किया है—यदि हिंसा का तात्पर्य प्रत्यक्ष दैहिक हिंसा ही नहीं है तो मानव, स्वास्थ्य—मानसिक एवं शारीरिक दोनों तरह के स्वास्थ्य पर—इस नैतिकता-निरपेक्ष आर्थिकी का प्रभाव हिंसक ही रहा है। यहाँ इस बात की भी अनदेखी नहीं की जानी चाहिए कि इस उत्पादन-वृद्धि में शस्त्रों और अस्वास्थ्यकारी प्रसाधन एवं उपभोग सामग्री के उत्पादन की कितनी बड़ी भूमिका है।

---

१. दुबे, श्यामाचरण; विकास का समाजशास्त्र, पृ. २७; वाणी प्रकाशन, नयी दिल्ली; १९९६

२. गाँधी महात्मा; यंग इण्डिया, पृ. १३७; ५-२-१९२७

बाज़ार को अपने नियमों से संचालित होने दिया जाय—इस तर्क को यदि स्वीकार भी कर लें तो भी इसकी यह दुर्व्याप्ति समझ में नहीं आ सकती कि पूरे जीवन को बाज़ार द्वारा संचालित होना चाहिए। इसका सीधा तात्पर्य यह होता है कि जो जीवन बाज़ार के लिये उपयोगी नहीं है, उसे बाज़ार के लिए ही नहीं, जीवन मात्र के लिये अनुपयोगी मान लिया जाना ही उपयुक्त होगा। इसका एक ज्वलन्त उदाहरण विकासशील देशों में शिशु-मृत्यु को रोकने की आर्थिक मूल्यवत्ता का आकलन करने वाला वह पर्चा है, जिसे कॉसमॉस क्लब के दो सदस्यों *डॉ. स्टीफन इंके* और *रिचर्ड ए. ब्राउन* ने प्रस्तुत किया था। इन दोनों लेखकों का तर्क है कि हर व्यक्ति का एक पूँजीगत मूल्य होता है क्योंकि वह उत्पादक या उपभोक्ता होने के नाते राष्ट्रीय अर्थव्यवस्था में योगदान करता है। लेकिन यदि मरने जा रहे इन शिशुओं का कोई आर्थिक मूल्य नहीं है तो उन्हें बचाने के लिये सार्वजनिक धन का व्यय क्यों किया जाना चाहिए?[१] स्पष्ट है कि यदि केवल लाभ को ही सभी क्रियाशीलताओं का प्रयोजन मान लिया जाय तो इसी तरह की हिंसक मानसिकता का विकास हो सकता है।

किसी भी मानवीय क्रियाशीलता के प्रयोजन और प्रक्रिया को अलग करके नहीं देखा जा सकता और इसलिए उसके परिणामों को भी। साध्य-साधन की एकता केवल राजनीतिक सत्याग्रह का सिद्धान्त ही नहीं है। वह एक नैतिक विचार है, जिसकी अर्थ-व्याप्ति जीवन के सभी आयामों को अपनी परिधि में ले लेती है। आर्थिक क्रियाशीलताएँ भी, इसलिए उसकी परिधि से बाहर नहीं हैं। आधुनिक उत्पादन-प्रक्रिया और आर्थिक विकास एक भारी और जटिल प्रौद्योगिकी पर निर्भर करता है। उत्पादन में अधिकाधिक वृद्धि के लिये अधिक से अधिक कुशल और शक्तिशाली प्रौद्योगिकी की आवश्यकता होती है। लेकिन आर्थिक विकास को पूर्णतया मशीनों पर निर्भर कर देने का अर्थ उत्पादन-प्रक्रिया और आर्थिक जीवन को अमानवीय नियन्त्रण में कर देना है। सामान्यतः मनुष्य यही सोचता है कि यन्त्रोद्योग उसके नियन्त्रण में हैं और वह अपनी इच्छानुसार उनका उपयोग कर सकता है, लेकिन यन्त्रों और प्रौद्योगिकी की अपनी प्रवृत्ति और प्रक्रिया होती है और वह ऐसा दुश्चक्र होता है, जिससे बचना सम्भव

---

१. डिक्सन, डेविड; आल्टरनेटिव टेक्नोलॉजी, पृ. १६१; फॉटाना/कॉलिंस, ग्लासगो; १९७८

नहीं रहता। 'प्रौद्योगिकीय नियतिवाद'—टेक्नोलॉजिकल डिटरमिनिज्म—आधुनिक युग की ऐसी समस्या है, जिसने बहुत-से अर्थशास्त्रियों और समाजशास्त्रियों का ध्यान आकर्षित किया है। उनका कहना है कि 'किसी भी संस्कृति की प्रेरक शक्ति उसकी टेक्नोलॉजी में होती है।'[१] आधुनिक प्रौद्योगिकी प्रकृति के साथ अनिवार्य हिंसा का रिश्ता रखती है। उसका पेट भरने के लिये अधिकाधिक प्राकृतिक संसाधनों की आवश्यकता होती है, जो निरन्तर बढ़ती ही जा रही है तथा उनके भण्डार में तेज़ी से आ रही कमी को पूरा करने का कोई उपाय नहीं है। यदि इन संसाधनों का प्रयोग कम कर दिया जाता है तो यह प्रौद्योगिकी घाटा देने लगती है और तब उस वांछित आर्थिक विकास की दृष्टि से अनुपयोगी और अनार्थिक हो जाती है, जिसके लिए उसका स्थापन और विकास किया गया है। यही नहीं, हमारे समय की एक बड़ी समस्या है पर्यावरणीय प्रदूषण और पारिस्थितिकीय असन्तुलन, जो इस प्रौद्योगिकी के इस्तेमाल का ही परिणाम है और जिसके कारण पूरे जीवन के ही नष्ट होने का ख़तरा बढ़ता जा रहा है। *बेरी कॉमनर* का यह कहना सर्वथा संगत लगता है कि "नयी तकनीकी एक आर्थिक सफलता सिर्फ़ इसी कारण है कि वह एक पारिस्थितिकीय विफलता है।"[२] हमारे समय की कई समस्याएँ तो इस तकनीकी की सफलता के आनुषंगिक परिणाम हैं, जो दिनोंदिन अधिकाधिक विकराल होते जा रहे हैं, जिसको प्रमाणित करने के लिये अब किन्हीं आँकड़ों की शायद आवश्यकता नहीं है।

एरिक फ्रॉम जैसे मनोविदों की राय में इस तकनीकी पर आश्रित उत्पादन-व्यवस्था में मनुष्य स्वयं एक वस्तु में रूपान्तरित हो जाता है और यह तकनीकी उसके साथ व्यवहार भी वैसा ही करती है। "आज के औद्योगिक समाज में मनुष्य की निष्क्रियता उसकी प्रधान चारित्रिकता और व्याधि है...निष्क्रियता के कारण वह अपने को शक्तिहीन, अकेला और उद्विग्न महसूस करता है।"[३] एरिक फ्रॉम इसे 'एलियनेशन सिंड्रोम' कहते हैं।

---

१. वही, पृ. ४४

२. कॉमनर, बेरी; दि क्लोजिंग सर्किल : कनफ्रंटिंग दि एनवायरनमेंटल क्राइसिस, पृ. १५१; लन्दन, १९७१

३. फ्रॉम, एरिक; दि रिवोल्यूशन ऑफ़ होप : टुवार्ड्स ए ह्यूमेनाइज्ड टेक्नोलॉजी, पृ. ४०-४१; न्यूयार्क; १९६८

स्मरणीय है कि इस अलगाव का ज़िक्र स्वयं मार्क्स ने भी किया है, जिसके अनुसार इस व्यवस्था में मनुष्य अपने काम से, अपने काम के उत्पाद से, अन्य मनुष्यों से तथा सामान्यतः मानव-जाति से अलगाव महसूस करने लगता है।

यहाँ इस बात की ओर भी ध्यान दिया जाना वांछनीय है कि इस तकनीकी की एक स्पष्ट राजनीतिक भूमिका भी है क्योंकि इस पर केवल प्रभु वर्ग का ही नियन्त्रण हो सकता है और कभी यदि सामाजिक नियन्त्रण की बात होती भी है तो उसके ऐसे रूप विकसित होते हैं, जो अपने चरित्र में सहभागितामूलक नहीं, बल्कि *अथॉरिटेरियन* होते हैं क्योंकि उसके बिना इस तकनीकी का प्रबन्धन ही सम्भव नहीं है।

सम्भवतः यही कारण है कि समाजवादी कही जाने वाली व्यवस्थाओं में भी केन्द्रीकृत प्रबन्धन-शैली का ही विकास हुआ और लेनिन जैसे क्रान्तिकारी को भी अमेरिकी पूँजीवादी प्रबन्ध-विज्ञानी *टेलर* के साथ सुर मिलाकर मानना पड़ा कि मज़दूर की हैसियत एक बड़ी मशीन के छोटे पुर्ज़े—*कॉग इन दि मशीन*—की है। दरअसल, यह सवाल राजनीतिक विचारधारा का उतना नहीं था, जितना तकनीकी के अपने चरित्र का।

यह एक तरह का प्रौद्योगिकीय नियतिवाद है—क्योंकि तकनीकी का परिणाम केवल उत्पादन की प्रक्रिया और मात्रा नहीं है—वह अपने पर निर्भर समाज की पूरी संरचना को बदल देती है। इसलिए जब हम किसी तकनीकी को चुनते हैं तो इस बात पर विचार किया जाना भी ज़रूरी है कि उसके केवल आर्थिक ही नहीं, सामाजिक-राजनीतिक और सांस्कृतिक परिणाम भी क्या हो सकते हैं। अमेरिकी राष्ट्रपति *वुड्रो विल्सन* ने यह चेतावनी दी थी कि ऐसी तकनीकी वाले समाज में लोकतन्त्र भी 'विशेषज्ञों का शासन' हो जाता है'' और आम नागरिक अपने को असहाय अनुभव करता रहता है। 'ब्रिटिश सोसायटी फ़ॉर सोशल रेस्पांसबिलिटी ऑफ़ साइंस' की एक रिपोर्ट में कहा गया है कि आज की परिस्थिति में वैज्ञानिक और तकनीकी ज्ञान ही सत्ता का स्रोत हो जाता है और उस पर विशाल संस्थाएँ ही नियन्त्रण कर सकती हैं और इस प्रक्रिया में वह शक्तिशाली को अधिक शक्तिशाली तथा कमज़ोर को और कमज़ोर करता जाता है। दरअसल, यह समाज को आर्थिक शक्तियों के नियन्त्रण में लाना है—जो प्रकारान्तर से अधिनायकवाद का नया रूप कहा जा सकता है।

राल्फ लेप के अनुसार तो "लोकतन्त्र वैज्ञानिक क्रान्ति के इस दौर में लोकतन्त्र अपनी सर्वाधिक कड़ी परीक्षा दे रहा है क्योंकि ऐसे में देश अपने कल्याण के लिए वैज्ञानिक और तकनीकी अभिजनों के एक अत्यन्त छोटे समूह पर निर्भर हो जाता है।"[१] *कार्ल फ्रेडरिक* और *ब्रजेजिंस्की* जैसे अध्येताओं का यह निष्कर्ष भी इसलिए संगत ही लगता है कि यह तकनीकी अपने एकाधिकारवादी चरित्र के कारण राजनीतिक निरंकुशता के लिये भी आवश्यक साधन और वातावरण मुहैया करवा देती है।[२] यह भी ध्यान देने की बात है कि ऐसे में लोकतान्त्रिक चुनाव भी किन्हीं वैचारिक आग्रहों पर नहीं, बल्कि प्रबन्धन कौशल के आधार पर होने लगते हैं। हम बेहतर प्रबन्धकों को चुनते हैं। अधिनायकवादी मानसिकता के लिये यह सबसे बेहतर खाद है।

यह तकनीकी ग़रीब और अविकसित देशों पर बड़े विकसित देशों का आर्थिक ही नहीं, राजनीतिक नियन्त्रण बढ़ाने में भी सहयोग करती है क्योंकि इसके लिये जिस विशेषज्ञता और पूँजी की आवश्यकता होती है, वह अविकसित या विकासशील देशों के पास नहीं होती और यदि हर चीज़ बाज़ार की वस्तु है तो इस बात की भी अनदेखी नहीं की जा सकती कि विकसित या धनी देश अपनी तकनीकी विशेषता और पूँजी निवेश की क्या क़ीमत वसूल करते हैं।

टी. डास सैन्टोन के अध्ययन का निष्कर्ष है कि "शक्तिशाली देश तकनीकी, वाणिज्य, पूँजी तथा सामाजिक-राजनीतिक दृष्टि से निर्भर देशों पर अपना प्रभुत्व जमाए रखते हैं—इस प्रभुत्व का स्वरूप विशिष्ट ऐतिहासिक समय के अनुसार अलग-अलग होता है। प्रभु देश उनका शोषण कर सकते हैं और स्थानीय रूप से उत्पन्न अतिरिक्त अंश को निचोड़ सकते हैं।" इसका परिणाम जैसाकि *पाल बरन* बताते हैं, अवरुद्ध विकास के रूप में होता है और *आन्द्रे गुंडर फ्रेंक* का विचार है कि यह अवरुद्ध विकास 'निर्भरता संलक्षण (सिंड्रोम)' का एक स्थायी लक्षण बने रह सकता है। श्यामाचरण दुबे इस निर्भरता के कुछ आनुषंगिक परिणामों यथा बौद्धिक

१. डिक्सन, डेविड; वही, पृ. २६-२७
२. वही, पृ. २९

उपनिवेशवाद, अप्रासंगिक शिक्षा आदि का उल्लेख करते हुए निष्कर्ष देते हैं कि 'निर्भरता सिंड्रोम अल्पविकसित देशों को समृद्ध और शक्ति सम्पन्न देशों की घरेलू और अन्तरराष्ट्रीय नीतियों से बाँध देता है और उनके स्वाधीन तथा देशज विकास की सम्भावना को उलट-पुलट देता है।''[१]

उत्पादन-वृद्धि को अपना लक्ष्य मानने के कारण वर्तमान आर्थिकी को यह स्वाभाविक रास्ता लगा कि वह ऐसी उत्पादन-तकनीकी अपनाये, जिससे उत्पादन की गति और मात्रा निरन्तर बढ़ती रह सके। माना तो यह गया था कि उत्पादन-वृद्धि के लिए लगाये जाने वाले कारखानों से बड़ी मात्रा में रोज़गार के अवसर उपलब्ध हो सकेंगे, लेकिन तकनीकी के विकास के साथ-साथ श्रम की भूमिका के कमज़ोर होते चले जाने से रोज़गार की सम्भावनाएँ भी कमज़ोर होती चली गयी हैं और अर्थशास्त्रियों की राय में अब हम रोज़गारविहीन विकास—*जॉबलेस ग्रोथ*—की स्थिति में आ रहे हैं—अर्थात् विकास का तात्पर्य उत्पादन में वृद्धि तो है, पर उसके साथ रोज़गार के अवसर नहीं मिल रहे। यह स्थिति, वास्तव में, विकास की वर्तमान प्रक्रिया की विफलता का नहीं, बल्कि उसकी सफलता का अनिवार्य परिणाम है। उत्पादन में वृद्धि विकास का लक्षण है और इस वृद्धि की दर को निरन्तर बढ़ते रहने के लिये नित-नये तकनीकी परिवर्तनों की ज़रूरत पड़ती है। अर्थशास्त्र इसे 'हाई रेट ऑफ़ डेवलपमेंट'—एच.आर.डी.—कहता है और इसे हासिल करने के तकनीकी रूपान्तरण—टेक्नोलॉजिकल ट्रांसफोरमेशन—अनिवार्य है, जिसका तात्पर्य है ऐसी प्रौद्योगिकी को अपनाना, जिसमें कम-से-कम मानवीय श्रम और सामाजिक समय के निवेश के माध्यम से अधिक से अधिक उत्पादन। इसका एक अनिवार्य नतीजा है रोज़गार के अवसरों में कमी और इस कमी का उतना ही अनिवार्य परिणाम है समाज की क्रयशक्ति में कमी। जाहिर है कि क्रयशक्ति के अभाव में कोई उत्पादन-वृद्धि टिकाऊ नहीं हो सकती। जब उत्पादन के लिये बाज़ार ख़रीदार उपलब्ध नहीं होंगे तो स्वभावतः ही अर्थव्यवस्था मन्दी का शिकार होती रहेगी और तब राज्य से अहस्तक्षेप की नीति का आग्रह करने वाली अर्थव्यवस्था राज्य से मदद की गुहार करने लगेगी तथा राज्य को सार्वजनिक धन से उसका इलाज करने में कोई संकोच नहीं होगा।

एडम स्मिथ ने जब मुक्त बाज़ार और स्वस्थ प्रतिस्पर्धा की बात की थी,

१. दुबे, श्यामाचरण; वही, पृ. ७७-७८

तब इस ख़तरे से भी सचेत किया था कि आर्थिक शक्ति का केन्द्रीकरण बाज़ार को वास्तविक अर्थों में स्वतन्त्र नहीं रहने देगा। विडम्बना यह है कि राज्य के हस्तक्षेप के बिना आर्थिक केन्द्रीकरण को, वर्तमान उत्पादन पद्धति के चलते हुए रोक पाना भी मुमकिन नहीं। एडम स्मिथ स्वयं बाज़ार से ऐसे बड़े प्रतिद्विन्द्वियों को बाहर ही रखना चाहते थे, जो एकाधिकारवादी हो सकें। उदारीकरण भूमण्डलीकरण में बाज़ार वास्तविक अर्थों में मुक्त होने के बजाय एकाधिकारवादी प्रवृत्तियों में घुटता जा रहा है। बहुराष्ट्रीय कम्पनियों के आपसी समझौते बाज़ार को वास्तविक अर्थों में प्रतिस्पर्धात्मक नहीं रहने दे रहे हैं। भूमण्डलीकरण के इस रूप को 'निगमनात्मक भूमण्डलीकरण'—कॉरपोरेट ग्लोबलाइजेशन—कहा जा रहा है। *डेविड कोरटेन* ने अपने अध्ययन 'वेन कॉरपोरेट्स रूल दी वर्ल्ड' में भलीभाँति यह सिद्ध किया है कि बाहर से अलग दिखने वाली बहुराष्ट्रीय कम्पनियों और राष्ट्रीय कम्पनियों के आपसी सम्बन्ध जुड़कर इस प्रकार घनिष्ठ हो चले हैं कि अब उन्हें वास्तविक अर्थों में प्रतिस्पर्धा कहना संगत नहीं होगा। अपने तर्क की पुष्टि के लिये कोरटेन कृषि-बाज़ार की दो वैश्विक कम्पनियों—कारगिल और आर्चर डेनिएस मिडलैण्ड—की संयुक्त उद्यमिता का हवाला देते हैं, जिसका परिणाम यह हुआ कि जहाँ पहले खाने पर ख़र्च होने वाले प्रत्येक डॉलर का इकतालीस प्रतिशत किसान को मिल रहा था, वहीं अब उसे केवल नौ प्रतिशत मिल रहा है, जबकि उपभोक्ता को पहले से अधिक चुकाना पड़ रहा है।[१]

प्रसिद्ध व्यापार-प्रबन्धक साइरस फ्रीधीम का निष्कर्ष है कि कुछ ही अर्से में विश्व अर्थव्यवस्था नियन्त्रण जिस प्रवृत्ति से संचालित होगा, उसे संयुक्त उद्यमिता—रिलेशनशिप एण्टरप्राइज—कहा जाना चाहिए। इस प्रकार के एकाधिकारवाद को राजसत्ता द्वारा भी नियन्त्रित नहीं किया जा सकेगा क्योंकि स्वयं राज्य की शक्ति इनसे कम होगी[२]—क्या कुछ वैसे ही जैसे भारत के देशी राज्यों की शक्ति ईस्ट इण्डिया कम्पनी से कम हो गयी थी।

डेविड कोरटेन का कहना है कि आज की कॉरपोरेट व्यवस्था एक आयोजित

---

१. फ्रेने, राबर्ट; पल्स : दि नेक्स्ट फ्रंटियर, पृ. ४१९-२०; लिटिल ब्राउन, लन्दन; २००६

२. वही, पृ. ४२०

प्रतिस्पर्धा का स्वांग रचती है। एक ओर से आपस में जुड़ी रहती है और दूसरी ओर, परिधि पर रहने वाली छोटी कम्पनियों के बीच प्रतिस्पर्धा को बढ़ावा देती रहती हैं और इसका परिणाम यह होता है कि लागत का बड़ा हिस्सा छोटी कम्पनियों को उठाना पड़ता है और लाभ का बड़ा हिस्सा कॉरपोरेट जगत को मिलता है। इसका एक और उप-परिणाम होता है कि छोटी कम्पनियाँ या तो इस कॉरपोरेट भूमण्डलीकरण में घुला ली जाती हैं या उसकी एजेंट हो जाती हैं।[१] दरअसल, एडम स्मिथ जिस मुक्त बाज़ार की बात कर रहे थे, वह केन्द्रीकृत अर्थव्यवस्था में सम्भव ही नहीं है। कींज ने भी कहा था कि दर्शन कला, साहित्य आदि को तो वैश्विक सन्दर्भ में देखा जा सकता है लेकिन उत्पाद तो होमस्पन ही होने चाहिए और अर्थव्यवस्थाएँ राष्ट्रीय ही बेहतर हैं।

वर्तमान उत्पादन-प्रक्रिया का एक और हिंसक आयाम विस्थापन है, जो आधुनिक विकास की ज़रूरतों के नाम पर किया जाता है। यह तर्क दिया जाता है कि विकास की कुछ क़ीमत तो देनी ही होती है। तब सवाल यह उठता है कि वह क़ीमत कौन दे रहा है। क्या यह क़ीमत उस समूह द्वारा चुकाई जा रही है, जिसे उस विकास का लाभ मिलेगा या वह समूह चुका रहा है, जिसकी क़ीमत पर किसी अन्य को लाभ मिलेगा? कहा जा सकता है कि पूरा राष्ट्र या समाज अपने में एक इकाई है और विकास के लाभ पूरे देश या समाज के लाभ होने के कारण, अन्ततः सभी को होने वाले लाभ के रूप में स्वीकार किये जाने चाहिए, लेकिन कोई भी समाज या राष्ट्र कई प्रकार के समुदायों का संघ होता है और यदि किसी भी समुदाय के हितों की क़ीमत पर अन्य को लाभ पहुँचाया जाता है तो यह एक प्रकार का 'आन्तरिक उपनिवेशीकरण' ही माना जा सकता है, जो पूरे विश्व में एक विकराल हिंसक समस्या का रूप ले चुकी है। क्या बहुमत समुदायों द्वारा संचालित-नियमित होने के कारण राज्य किसी अल्पसंख्यक या कमज़ोर सम्प्रदाय के साथ अन्याय कर सकता है? हमें *एरिका आइरीन* जैसे विश्लेषकों की इस बात पर ग़ौर करने की ज़रूरत है कि संयुक्त राष्ट्र जैसी संस्थाओं का भविष्य भी इस 'आन्तरिक उपनिवेशीकरण' से मुक्ति पर निर्भर करता है।

विस्थापन की प्रक्रिया किस तरह हिंसक हो सकती है, उसे समझने के

१. वही, पृ. ४२१

लिये यह देखना होगा कि अभी तक उसके परिणाम क्या होते रहे हैं। विस्थापन का परिणाम केवल आर्थिक ही नहीं होता, विस्थापन अपने प्राकृतिक परिवेश, सांस्कृतिक जीवन तथा धार्मिक विश्वासों पर भी आघात करता है। यह कहा जाता है कि मुआवज़े और पुनर्वास आदि द्वारा आर्थिक हानि की भरपाई कर दी जाती है—यद्यपि व्यावहारिक स्तर पर उसके लिए कितना संघर्ष करना पड़ता है, यह एक सर्वज्ञात तथ्य है, लेकिन यहाँ मूल सवाल यह है कि क्या मुआवज़े की राशि कभी भी उस तरह का स्थायी स्रोत हो सकती है, जो उस व्यक्ति या समूह की भूमि होती है। भूमि आय का एक स्थायी स्रोत होती है, मुआवज़े की राशि उसका स्थानापन्न नहीं हो सकती। भूमि आने वाली पीढ़ियों के लिये भी स्थायी साधन हो सकती है।

विस्थापन का एक परिणाम यह भी होता रहा है कि अपने प्राकृतिक निवास से हटा दिये जाने के बाद सम्बन्धित समुदाय का सामुदायिक-सांस्कृतिक जीवन भी समाप्त हो जाता है, जिसका परिणाम उनकी संस्कृति, भाषा और धार्मिक विश्वासों पर आघात के रूप में सामने आया है और इसका कोई मुआवज़ा नहीं हो सकता। बहुत से आदिवासी समूह अपने प्राकृतिक निवास और परिवेश को ही अपने उपास्य के रूप में स्वीकार करते और उसकी पूजा करते रहे हैं। यदि उन्हें उस परिवेश से विस्थापित कर दिया जाता है तो यह प्रकारान्तर से अपने 'धार्मिक हैबिटेट' से वंचित कर दिये जाने जैसा है, जिसके अभाव में सम्बन्धित समुदाय अपनी धार्मिक परम्पराओं, अनुष्ठानों और विश्वासों से भी वंचित हो जाता है।[१] अरुन्धती राय के एक अध्ययन के अनुसार अकेले भारत में केवल विशाल बाँधों के कारण क़रीब तैंतीस मिलियन लोगों को विस्थापित होना पड़ा है। टिहरी और हरसूद जैसे शहर भी नहीं बचे। ऐसे विस्थापित समुदाय, दरअसल पर्यावरणीय शरणार्थी हो जाते हैं और धीरे-धीरे अपनी भाषा, साहित्य और धार्मिक-सांस्कृतिक विश्वासों को भूल जाते हैं—क्योंकि एक समुदाय के रूप में एक प्राकृतिक परिवेश के बिना बने रहना सम्भव नहीं होता। गणेश देवी की संस्था 'भाषा रिसर्च' की एक रिपोर्ट के अनुसार केवल भारत में ही आज़ादी मिलने के बाद से आज तक दो सौ

१. आचार्य, नन्दकिशोर, संस्कृति की आर्थिकी, पृ. ३४; सूर्य प्रकाशन मन्दिर, बीकानेर, २००८

बीस भाषाएँ विलुप्त हो गयी हैं और कई पर ख़तरा मँडरा रहा है। एक भाषा के विलुप्त होने का तात्पर्य एक समुदाय और उसकी संस्कृति और ज्ञान–भण्डार का लुप्त हो जाना है। इसलिए *अन्विता अब्बी* जैसे शोधकर्ताओं के इस सवाल की अनदेखी नहीं की जा सकती कि इन भाषाओं के समुदाय कहाँ विलुप्त हो गये।

अर्थशास्त्र का सम्बन्ध केवल उत्पादन की पद्धति अर्थात् प्रौद्योगिकी से ही नहीं, बल्कि उत्पादन के साधनों के स्वामित्व और उत्पादन से होने वाले लाभ के वितरण से भी है। इस सन्दर्भ में कार्ल मार्क्स की यह स्थापना बहुत महत्त्वपूर्ण है कि उत्पादन–पद्धति के आधार पर ही उत्पादन सम्बन्धों का निर्धारण होता है। इसका अर्थ यह है कि प्रौद्योगिकी स्वयं ही अपने स्वामित्व और लाभ के वितरण के बारे में दिशा–संकेत दे देती है। जब हम विशाल पैमाने के उत्पादन की ओर उन्मुख केन्द्रीकरण के स्वभाव वाली प्रौद्योगिकी को चुनते हैं तो स्वाभाविक ही स्वामित्व का रूप भी केन्द्रीकृत हो जाता है—चाहे उसके केन्द्रीकरण का स्वरूप निजी स्वामित्व अर्थात् पूँजीवादी प्रकार का हो या राजकीय स्वामित्व अर्थात् समाजवादी प्रकार का। इस केन्द्रीकृत स्वामित्व के कारण पूँजी और श्रम के सम्बन्ध संघर्षपूर्ण बने रहते हैं।

आर्थिक प्रक्रिया में हिंसा का एक स्वरूप शोषण का है, जिसका सीधा तात्पर्य है किसी को उसके न्यायपूर्ण हिस्से से वंचित कर देना। किसी भी वस्तु के उत्पादन में जन संसाधनों की आवश्यकता होती है, उनमें श्रम अत्यन्त महत्त्वपूर्ण है क्योंकि मानवीय श्रम के बिना कोई उत्पादन सम्भव नहीं होता इसलिए *रिकार्डो* की यह धारणा बिल्कुल समीचीन है कि श्रम भी पूँजी का एक प्रकार है। इसका सीधा प्रतिफलन यह होता है कि इसलिए लाभ पर जितना अधिकार पूँजी का है, उतना ही श्रम का भी होना चाहिए। श्रम के माध्यम से ही उपयोगिता मूल्य का विनिमय मूल्य में रूपान्तरण सम्भव होता है। सरल शब्दों में, किसी भी उत्पाद की बाज़ार में क़ीमत संसाधनों की लागत के साथ उत्पादन–प्रक्रिया में व्यय–श्रम की मात्रा के अनुसार होती है, लेकिन यहाँ *रिकार्डो* मुनाफ़े में श्रम की वैसी हिस्सेदारी स्वीकार नहीं करता, जैसी पूँजी को मिलती है। उसका विचार है कि श्रमिक को उतना ही मिलना चाहिए कि वह श्रम के योग्य रह सके; शेष लाभ पर पूँजीपति का अधिकार होना चाहिए। उसका तर्क यह है कि

पूँजीपति उस लाभ के उत्पादन के लिये पुनर्निवेश कर पूँजी में लगातार वृद्धि करता रह सकता है, जो अर्थव्यवस्था की बेहतरी के लिये अधिक मुफीद है। रिकार्डो तो यहाँ तक मानता है कि कुछ सीमा तक समाज में बेरोज़गारी भी रहनी चाहिए क्योंकि यदि पूर्ण रोज़गारी होगी तो श्रमिक वर्ग अपनी शर्तें मनवाने के लिये अधिक समर्थ हो जायगा।

किसी के न्यायपूर्ण अधिकार को मान्यता न देना एक प्रकार की हिंसा है और किसी अन्य के श्रम के फल को स्वयं हड़प लेना एक प्रकार की चोरी या लूट—फिर चाहे उसका स्वरूप क़ानूनसम्मत भी क्यों न हो—और जाहिर है कि वह भी हिंसा तो है ही। भारतीय दर्शनों की नीति-मीमांसा में जिसे अस्तेय या अचौर्य कहा गया है, उसका भी परिप्रेक्ष्य क़ानूनी नहीं, नैतिक है, अर्थात् उस वस्तु को स्वीकार न करना, जिस पर व्यक्ति का नैतिक अधिकार नहीं है। विनोबा तो यहाँ तक मानते हैं कि ''जो भोग सब को नहीं मिल सकता उसे भोगने का हमें हर्गिज अधिकार नहीं।''[१] *प्रूधों* का तो प्रसिद्ध कथन है कि सम्पत्ति चोरी है—आल प्रॉपर्टी इज थेफ्ट।

यहाँ इस बात की ओर ग़ौर किया जाना भी ज़रूरी लगता है कि श्रम के अतिरिक्त अन्य संसाधन भी किसी एक व्यक्ति के नहीं हैं। जो कच्चा माल चाहिए, वह पूरे समाज की सम्पत्ति है। जिस तकनीकी ज्ञान के आधार पर उत्पादन सम्भव होता है, वह भी पूरे समाज के विकास की ऐतिहासिक प्रक्रिया का फल है, जिस पर किसी एक व्यक्ति या व्यक्ति-समूह का अधिकार नहीं माना जा सकता। यहाँ तक कि जो पूँजी-निवेश किया जाता है, वह भी बैंकों, राजकीय ऋण या सहायता, शेयर बाज़ार आदि के माध्यम से प्राप्त होता है, अतः उस पर भी किसी व्यक्ति का अधिकार नैतिक आधार पर मान्य नहीं हो सकता। कहा जा सकता है कि एक पूँजीपति, वास्तव में अपने प्रबन्धन-कौशल के आधार पर इन सबका संयोजन कर उत्पादन सम्भव करता है। लेकिन, तब उसे प्रबन्धन कौशल के लिये उसी प्रकार मेहनताना या मानदेय दिया जाना न्यायसंगत होगा, जिस प्रकार कच्चे माल, तकनीकी और श्रम आदि के लिये दिया जाता है। केवल प्रबन्धन कौशल के कारण सम्पूर्ण मुनाफ़े पर उसके अधिकार को नैतिक स्वीकृति दिया जाना उचित नहीं माना जा सकता। अगर ये सभी संसाधन पूरे समाज के हैं तो उनके लाभ का अधिकार भी समाज का ही

१. विनोबा साहित्य, खण्ड-चौदह, पृ. ४५३; परंधाम प्रकाशन, वर्धा, १९९९

होना चाहिए, किसी एक व्यक्ति या व्यक्ति-समूह का नहीं। *ई.एफ. शुमाकर* इस सन्दर्भ में *आर.एच. टॉनी* को उद्धृत करते हैं : ''ये सभी अधिकार—रॉयल्टी, तहबाज़ारी, एकाधिकारी लाभ और अन्य किसी प्रकार के अधिशेष—'सम्पत्ति' है। इनकी सबसे घातक आलोचना...उन तर्कों में निहित है, जिनके जरिये प्राय: सम्पत्ति की संकल्पना का समर्थन किया जाता है। कहा जाता है कि सम्पत्ति का उद्देश्य श्रमिक को उसके परिश्रम का प्रतिफल सुनिश्चित करके उद्योग को बढ़ावा देना है, लेकिन अनुपात ठीक होना चाहिए क्योंकि जितना अपने श्रम के फलस्वरूप बनायी गयी सम्पत्ति की रक्षा ज़रूरी है, उतना ही ज़रूरी है दूसरे के श्रम के फलस्वरूप अर्जित की गयी सम्पत्ति का उन्मूलन।[१] ऐसी सम्पत्ति का उन्मूलन प्रकारान्तर से आर्थिक हिंसा का भी उन्मूलन है।

क्या हिंसा के इन रूपों का कोई समाधान सम्भव है ? वर्तमान में प्रचलित आर्थिकी अपने प्रयोजन, प्रक्रिया और परिणाम तीनों में यदि हिंसा की ओर उन्मुख दिखायी देती है तो उसका सीधा समाधान इसी बात में हो सकता है कि इन तीनों ही बातों पर व्यवहार्य अहिंसा की दृष्टि से विचार के माध्यम से समाधान की तलाश की जाय। महात्मा गाँधी जिसे साध्य-साधन एकत्व कहते हैं, वह आर्थिक क्रियाशीलताओं के लिये भी उतना ही सही है, जितना जीवन के राजनीतिक या अन्य पहलुओं के लिये ''यदि प्रक्रिया में कुछ हानिकारक प्रवेश नहीं करता तो यह निश्चित है कि उसका कोई हानिकारक परिणाम भी नहीं होगा।'' लेकिन इसके लिये भी पहले अपने प्रयोजन को समझना ज़रूरी होगा।

प्रचलित आर्थिकी का प्रयोजन कृत्रिम ज़रूरतों को बढ़ाकर भी उत्पादन-वृद्धि में है, जिससे पूँजी में निरन्तर वृद्धि हो सके, लेकिन यदि अहिंसा की दृष्टि से विचार किया जाय तो उत्पादन का प्रयोजन समाज की स्वस्थ आवश्यकताओं की पूर्ति करना है—मनुष्य के स्वास्थ्य की क़ीमत पर पूँजी-निर्माण करते रहना नहीं। मनुष्य मूलत: उपभोक्ता नहीं, एक विकसनशील नैतिक अस्तित्व है। जीवन की आवश्यकता के लिये जितना उपभोग आवश्यक है, उसकी पूर्ति के लिये उत्पादन आर्थिकी का प्रयोजन

---

१. शुमाकर, ई.एफ; वही, पृ. १८२

होना चाहिए। गाँधी जैसे विचारकों की दृष्टि में तो उपभोक्ता को भी सत्याग्रही होना चाहिए; अर्थात् न तो वह आवश्यकता से अधिक उपभोग करे और न ही ऐसी वस्तुओं को ख़रीदे, जिनका उत्पादन शोषित श्रम के आधार पर किया गया हो। जब वह उपभोक्ता को अपरिग्रह का परामर्श देते हैं, तब यह अपरिग्रह न केवल स्वयं उसे उपभोक्तावाद के विचारों से बचाता है, बल्कि अनावश्यक उत्पादन और उपभोग के कारण हो रही प्राकृतिक संसाधनों की हिंसक बर्बादी और समाज में बढ़ रही विलासिता और उसके कारण बढ़ रही अनावश्यक आर्थिक होड़ को भी नियन्त्रित करता है। यदि मनुष्य एक नैतिक प्राणी है तो उसे उपभोग और सम्पत्ति के प्रयोजन पर नैतिक दृष्टि से भी विचार करना चाहिए। विनोबा भी मानते हैं कि 'जो भोग सब को नहीं मिल सकता, उसे भोगने का हमें हर्गिज अधिकार नहीं।'[२] अहिंसक अर्थशास्त्रीय चिन्तन में एडम स्मिथ और उनके परवर्तियों की भाँति अर्थशास्त्र और नीतिशास्त्र को अलग-अलग मानना उचित नहीं समझा जाता : "मैं अर्थशास्त्र और नीतिशास्त्र के बीच कोई सुस्पष्ट या अन्य प्रकार का भेद नहीं करता। वह अर्थशास्त्र अनैतिक और इसीलिए पापयुक्त है, जो किसी व्यक्ति अथवा राष्ट्र के नैतिक कल्याण को हानि पहुँचता हो। तद्नुसार वह अर्थशास्त्र पापयुक्त है, जो यह अनुमति देता हो कि एक देश दूसरे देश को लूट ले। शोषित श्रम द्वारा तैयार की गयी वस्तुओं को ख़रीदना और उनका इस्तेमाल करना पापयुक्त है।"[३]

लेकिन, एक अहिंसक अर्थव्यवस्था के लिये केवल व्यक्तिगत अपरिग्रह के लिये लोगों को प्रेरित करने मात्र से यह सम्भव नहीं होगा—यह काम तो धर्मशास्त्रीय नीति-मीमांसाएँ करती ही रही हैं। जब तक आर्थिक प्रक्रिया में संरचनात्मक परिवर्तन नहीं होता है—जिससे परिग्रह या सम्पत्ति के केन्द्रीकरण की सम्भावना ही न रहे, तब तक व्यक्तिगत आचरण के लिये भी अनुकूल वातावरण नहीं बन सकता। अर्थव्यवस्था एक सांस्थानिक-

---

१. फ्रेने, राबर्ट; वही, पृ. २९६

२. आचार्य, नन्दकिशोर; साम्ययोग के आयाम, पृ. ५२; प्राकृत भारती अकादमी, जयपुर; २०१७

३. गाँधी, महात्मा; सभ्यता का विकल्प (नन्दकिशोर आचार्य), पृ. ४०-४१; वाग्देवी प्रकाशन, बीकानेर; २०१२

सांगठनिक प्रक्रिया है—केवल वैयक्तिक आचरण नहीं। क्या अहिंसक उत्पादन-सम्बन्धों के लिये अहिंसक उत्पादन-शक्तियों की कोई व्यावहारिक सम्भावना हो सकती है?

शुमाकर जैसे अर्थशास्त्री इसके लिए एक चतुर्सूत्री योजना प्रस्तावित करते हैं : "(१) काम के ठिकाने वहाँ स्थापित करते हैं, जहाँ लोग इस समय रह रहे हैं, न कि बड़े शहरों में, जहाँ लोग देहात छोड़कर काम की तलाश में पहुँचते हैं, (२) काम के ये ठिकाने औसतन इतने सस्ते होने चाहिए कि अत्यधिक पूँजी-निर्माण और आयातों का सहारा लिये बग़ैर ही इन्हें बहुत बड़ी संख्या में स्थापित किया जा सके। (३) उत्पादन-पद्धतियाँ अपेक्षाकृत सरल हों ताकि उत्पादन-प्रक्रिया नहीं, बल्कि संगठन, कच्चे माल का सम्भरण, वित्त-व्यवस्था, बिक्री आदि के लिये भी अतिकुशल कार्यकर्ताओं की दीवार न हो। (४) उत्पादन मुख्यत: स्थानीय सामग्री से और स्थानीय उपभोग के लिये किया जाय।"[१] शुमाकर के ये सूत्र क्या हमें महात्मा गाँधी द्वारा प्रस्तावित 'स्वदेशी' और स्वावलम्बी गाँवों की अर्थव्यवस्था का स्मरण नहीं करवा देते!

शुमाकर इसके लिए मध्यवर्ती तकनीकी की प्रस्तावना करते हैं, जिसमें आज की भारी प्रौद्योगिकी तथा पारस्परिक ग्रामीण प्रौद्योगिकी के बीच की किसी प्रौद्योगिकी के विकास की सम्भावना वह देखते हैं, लेकिन उनके आलोचकों की आपत्ति है कि इसमें अर्थव्यवस्था से एक द्वैध विकसित हो सकता है। इसलिए, उनके चार सूत्रों की व्याख्या 'मध्यवर्ती तकनीकी' की दृष्टि से करना समीचीन नहीं होगा। *जॉन टोड* जैविक तकनीकी—बायोटेक्नलॉजी—का प्रस्ताव करते हैं। टोड का मानना है कि इस तकनीकी को समाज के निम्नतम स्तर पर भी प्रभावी हो सकना चाहिए, ग़रीब लोग भी इसका इस्तेमाल करने में सक्षम हों, इसमें पारिस्थितिकीय और सामाजिक, न कि केवल आर्थिक, दृष्टि से विचार किया जाना चाहिए, इसके माध्यम से लघु और विकेन्द्रीकृत समुदायों का विकास सम्भव हो सके तथा इसके लिये अपेक्षाकृत कम मात्रा में संसाधनों की आवश्यकता हो। *पीटर वान ड्रेसर*, कॉलिन मूरकाफ्ट आदि विचारकों के सुझाव भी मोटे तौर पर इन्हीं से मिलते-जुलते हैं।[२]

---

१. शुमाकर, ई.एफ; वही, पृ. १२१
२. डिक्सन, डेविड; वही, पृ. १०१

रोबिन क्लार्क ने अपनी अवधारणा को 'सॉफ्ट टेक्नोलॉजी' की संज्ञा देते हुए लगभग पैंतीस बिन्दुओं पर प्रचलित तकनीकी से उसकी तुलना करते हुए पारिस्थितिकी, पर्यावरण, विकेन्द्रीकरण आदि के साथ-साथ सृजनात्मक सन्तोष, स्वास्थ्य तथा सामाजिकता की दृष्टि से भी 'सॉफ्ट टेक्नालॉजी' को बेहतर बताया है।[१]

ईथान मिलर अहिंसक आर्थिकी को 'एकात्म अर्थशास्त्र' की संज्ञा देते हैं। उनके अनुसार, व्यापकतर अर्थ में अर्थशास्त्र का तात्पर्य यह है कि हम मानव-प्राणी सामूहिक रूप से पृथ्वी तथा हमारे पारस्परिक सम्बन्धों के परिप्रेक्ष्य में अपनी आजीविका कैसे अर्जित करते हैं। वह कई ऐसी आर्थिकियों—यथा घरेलू आर्थिकियों, अपने परिवेश में विभिन्न आर्थिकियों, साझा नियन्त्रण वाली सामूहिक आर्थिकियों, अपमार्जन (कूड़े आदि का उपयोग) आर्थिकियों तथा उपहार आर्थिकियों आदि का ज़िक्र करते हैं, जिनके आधार पर पूँजीवादी आर्थिकी का विकल्प विकसित किया जा सकता है।[२]

इसी तरह *लास्से नोर्डलुंड* ऊर्जा संकट के निवारण के लिये भी प्रचलित तकनीकी को उसका कारण बताते हुए इस तथ्य की ओर संकेत करते हैं। उनका कहना है कि औद्योगीकरण के साथ ही, हमारे श्रम और संकलित ऊर्जा का सन्तुलन समाप्त हो गया है। मनुष्यों के द्वारा किया जा रहा संसाधनों का उपयोग उस काम पर आधारित था, जिसे वे स्वयं कर सकते थे। मनुष्य और उसके द्वारा प्रयुक्त संसाधनों में एक सम्बन्ध था और इस सम्बन्ध के कारण जीवन टिकाऊ था। उनकी राय में, प्रकृति के संरक्षण के लिये यही बेहतर है और ऐतिहासिक प्रमाणों के आधार पर भी स्पष्ट होता है कि यही सम्बन्ध टिकाऊ हो सकता है। वह सवाल करते हैं कि ऊर्जा-बचत वाली मशीनों के प्रचलन के बावजूद हमारा ऊर्जा-व्यय क्यों विस्फोटक गति से बढ़ता जा रहा है और बताते हैं कि ऊर्जा-बचत की गणना करते समय उस अप्रत्यक्ष ऊर्जा-व्यय की अनदेखी कर दी जाती है, जिसकी ज़रूरत मशीन बनने, उसे उत्पादन-स्थल से कार्य-स्थल तक लाने तथा अन्य सम्बन्धित कार्यों में पड़ती है। उनका निष्कर्ष है कि

१. वही, पृ. १०३-४
२. मिलर, ईथान; अहिंसा विश्वकोश (सं. नन्दकिशोर आचार्य) पृ. १७३-७६; प्राकृत भारती अकादेमी, जयपुर, २०१४

वास्तविक कुशलता अपेक्षाकृत सादे–सरल तकनीकी उपकरणों से ही मिल सकती है, जैसे पुराने ढंग का चरखा या काठ–निर्मित अन्य उपकरण, जिनमें लोहा जितना कम हो, उतना बेहतर है।[१]

गाँधीजी के विचारों के आधार पर *जे.सी. कुमारप्पा* स्थायी समाज–व्यवस्था के लिये अहिंसा पर आधारित आर्थिक दृष्टि का विकास करने वाले प्रमुख अर्थशास्त्री हैं। उनका विश्लेषण बताता है कि अस्थायी या क्षणभंगुर अर्थव्यवस्था उन संसाधनों पर टिकी होती है, जो इस्तेमाल करने पर धीरे–धीरे कम होते जाते हैं। दूसरी ओर प्रकृति का चक्र ऐसा है जिसमें अधिकांश चीज़ें उस चक्र की प्रक्रिया में स्वतः नष्ट होती, पुनः जन्म लेती और बढ़ती हैं। कुमारप्पा प्रकृति की इस व्यवस्था, इस चक्र को स्थायी कहते हैं। इस पर्यावरण–चक्र को बनाये रखने, उसका संरक्षण एवं संवर्धन करने की व्यवस्था ही स्थायी व्यवस्था है और यह अहिंसक अर्थ–रचना का आधार है।[२]

इस दृष्टि से महात्मा गाँधी द्वारा प्रस्तावित अहिंसक–प्रौद्योगिकी पर विचार सर्वाधिक उपयोगी है। कार्लमार्क्स की सर्वाधिक अन्तर्दृष्टिपूर्ण स्थापना शायद यही है कि उत्पादन के उपकरण अर्थात् प्रौद्योगिकी ही वह आधार है, जिस पर आर्थिक ही नहीं, राजनीतिक–सामाजिक अधिरचना की इमारत खड़ी होती है। प्रौद्योगिकी की इस भूमिका को महात्मा गाँधी ने भी गहराई से पहचाना था। इस दृष्टि से गाँधी जी की दृष्टि मार्क्स की अपेक्षा अधिक नैतिक ही नहीं, अधिक वैज्ञानिक भी है। उनके अनुसार, यह सभ्यता जिस तकनीकी पर आश्रित है उसका अनिवार्य परिणाम एक हिंसक और अनैतिक समाज का विकास है क्योंकि यह प्रौद्योगिकी न केवल मनुष्य को उपभोक्ता मात्र बना देने पर जोर देती है, बल्कि अनिवार्यतः सत्ता के विभिन्न रूपों के केन्द्रीकरण की ओर ले जाती है और केन्द्रीकरण अनिवार्यतः हिंसा की ओर।

इसलिए, महात्मा गाँधी विकल्प के रूप में 'स्वदेशी' का रास्ता सुझाते हैं। स्वदेशी का अर्थ केवल देश में हुआ उत्पादन नहीं, बल्कि अपने परिवेश की ज़रूरतों के मुताबिक अपने परिवेश के ही संसाधनों और तरीक़ों से

---

१. नोर्डलुंड, लास्से; वही, पृ. १६८–६९
२. प्रसाद, अवध; वही, पृ. २१६–१७

किया गया उत्पादन है। गाँधी जी के अनुसार, स्वदेशी प्रेम या अहिंसा का ही रूप है। स्वदेशी से गाँधी जी का तात्पर्य एक ऐसी विकेन्द्रीकृत अर्थव्यवस्था से है, जो आसपास के संसाधनों पर आश्रित हो, जिसका अर्थ यह भी होता है कि इस उत्पादन की तकनीकी भी मूलत: आसपास के संसाधनों पर आधारित और उनसे सम्बन्धित हो तथा जिसे वहीं बनाया, सुधारा और विकसित किया जाता हो। चरखा गाँधी जी के लिये इस स्वदेशी प्रौद्योगिकी का ही प्रतीक है, लेकिन वह चरखे के उद्योग का भी केन्द्रीकरण नहीं चाहते। इसलिए वह स्पष्ट कर देते हैं : "हम किसी एक स्थान पर बड़े पैमाने पर उत्पादन करके चरखे का सार्वभौमीकरण करना नहीं चाहते। हमारा आदर्श यह है कि जिस बस्ती में कताई करने वाले रहते हों, वही चरखे और उसकी सहायक वस्तुओं का निर्माण होना चाहिए। इसी में चरखे का मूल्य निर्मित है। चरखे में यदि कोई ख़राबी आ जाय तो वह वहीं ठीक हो सकनी चाहिए और कताई करने वालों को इसके लिये प्रशिक्षित करना चाहिए।"[१] स्पष्ट है कि यही बात अन्य उद्योगों से सम्बन्धित तकनीकी के बारे में भी लागू की जानी चाहिए। गाँधी जी अहिंसा की बुनियादी प्रतिज्ञा पर खरे उतरने पर नये उपकरणों के आविष्कार को भी स्वीकार करते हैं। इसीलिए, वह उदाहरण देकर कहते हैं : "कोई बेहतर क़िस्म का हल विकसित हो सके तो अच्छी बात है...मैं कुटीर उद्योगों की मशीनों में ही सुधार का स्वागत करता हूँ।"[२] गाँधीजी की योजना में कुछ अनिवार्य बड़े उद्योगों की स्वीकृति भी है, लेकिन वह उन पर राज्य का स्वामित्व चाहते और उनका प्रयोग लोगों के हित में किया जाना वांछनीय मानते हैं।[३]

गाँधीजी जिस स्वदेशी प्रौद्योगिकी की बात करते हैं, उसमें न केवल समाज की आवश्यकताओं को पूरा करने का सामर्थ्य होगा, बल्कि वह सभी लोगों को रोज़गार भी दे सकेगी। शुमाकर का एक विश्लेषण बताता है कि आधुनिक प्रौद्योगिकी पर आश्रित उत्पादन-प्रणाली में 'कुल जनसंख्या के छठे भाग से भी कम जनसंख्या वास्तविक उत्पादन में लगी है' और

---

१. आचार्य, नन्दकिशोर; सभ्यता का विकल्प, पृ. ५०; वाग्देवी प्रकाशन, बीकानेर; २०१२

२. वही, पृ. ५१

३. वही,

कुल 'सामाजिक समय' का लगभग साढ़े तीन प्रतिशत हिस्सा ही वास्तविक उत्पादन में ख़र्च होता है।'[१]

दरअसल, स्वदेशी, स्वावलम्बी गाँव और आर्थिक विकेन्द्रीकरण कोई अलग-अलग अवधारणाएँ नहीं हैं। इस प्रौद्योगिकी के आधार पर जो आर्थिक संरचना विकसित होगी वह व्यावहारिक रूप से आर्थिक स्तर पर जीवन-क्षम होने के साथ-साथ पारस्परिक प्रेम और अहिंसा के सिद्धान्त से भी अनुप्राणित होगी।

अर्थशास्त्र का सम्बन्ध केवल तकनीकी से ही नहीं बल्कि उत्पादन के साधनों पर स्वामित्व और उत्पादन से होने वाले लाभ के वितरण से भी है। महात्मा गाँधी जिस प्रौद्योगिकी का आग्रह करते हैं उसमें उत्पादन के साधनों पर किसी तरह के केन्द्रीकृत स्वामित्व और शोषण की सम्भावना ही नहीं रहती। इस प्रौद्योगिकी में हर व्यक्ति या कुटुम्ब ही श्रमिक होता है और वही स्वामी भी। उस उत्पादन को उपभोक्ता तक पहुँचाने के लिए किसी मध्यवर्ती संस्था की भी ज़रूरत नहीं रहती है। इस तकनीकी और इससे विकसित अहिंसक उत्पादन-सम्बन्धों के कारण पूँजी का शोषणपरक केन्द्रीकरण सम्भव नहीं रहता और लाभ के सम्भव समान वितरण अर्थात् आर्थिक समानता का आदर्श भी स्वयमेव लागू हो जाता है। ऐसी ही समाज-व्यवस्था को वास्तविक न्यायपूर्ण सामाजिक व्यवस्था कहा जाना चाहिए, जिसकी आर्थिक प्रक्रिया में शोषण की गुंजाइश ही न रहे। सत्य और अहिंसा केवल वैयक्तिक गुण नहीं हैं, बल्कि उनका सामाजिक-आर्थिक प्रतिफल उद्देश्यों में ही नहीं प्रक्रिया में भी अर्थात् साध्य के रूप में ही नहीं, साधन के रूपों में भी दिखायी देना चाहिए। गाँधीजी के ही शब्दों में : 'मेरी दृष्टि में, इस गुण का कोई मूल्य नहीं रह जाता, जो केवल व्यक्तियों तक सीमित हो या उस पर आचरण करना केवल व्यक्तियों के लिये ही सम्भव हो।'[२]

इसलिए, गाँधी जी स्वामित्व के सवाल का एक ऐसा समाधान प्रस्तुत करते हैं, जो वर्तमान उद्योगों के लिये एक सांस्थानिक परिवर्तन बन जाता है। इसे गाँधी जी ने 'न्यासिता' कहा है। वह कहते हैं कि वर्तमान में

१. शुमाकर, ई.एफ; वही, पृ. १०२-३

२. गाँधी, महात्मा; हरिजन, पृ. २७१-७२; १.९.१९४०

आर्थिक साधनों पर स्वामित्व रखने वाले पूँजीपतियों और भूमालिकों को एक न्यासी की तरह व्यवहार करते हुए अपनी पूँजी को एक न्यास में परिवर्तित कर देना चाहिए। यदि वे ऐसा नहीं करते हैं तो वह राज्य से उसे क़ानूनी रूप से लागू करने का निर्देश देते हैं।[1] राज्य द्वारा क़ानून बनाकर न्यासिता के सिद्धान्त को लागू करने के प्रयोजन से एक 'सरल और व्यावहारिक न्यासिता सूत्र' *प्रो.फ़ेसर एम.एल. दाँतवाला* द्वारा तैयार किया जाकर किशोरलाल मश्रुवाला और नरहरि परीख के माध्यम से गाँधी जी को प्रस्तुत किया गया था, जिसका अनुमोदन किंचित् संशोधनों के साथ गाँधीजी ने कर दिया था।[2]

प्रेम का नियम, 'लोभ की जगह प्रेम कायम करना' ही अहिंसक अर्थशास्त्र की मूल प्रेरणा है। ठोस आर्थिक आवश्यकताओं की कहीं भी अनदेखी न करते हुए यह अहिंसक अर्थशास्त्रीय चिन्तन सत्य और अहिंसा की मूल प्रेरणाओं को सदैव केन्द्र में रखता है तथा इस सबका उद्देश्य केवल आर्थिक विकास ही नहीं, बल्कि मनुष्य का नैतिक-आध्यात्मिक उत्कर्ष करना हो जाता है। अहिंसक तकनीकी, अहिंसक उत्पादन-सम्बन्ध और लाभ के न्यायपूर्ण अहिंसक वितरण विकसित करने की अहिंसक प्रक्रियाओं के दिशा-संकेतों द्वारा अहिंसा-चिन्तन हमें बार-बार स्मरण दिलाता है कि हम केवल उपभोक्ता मात्र नहीं हैं और हमारी आर्थिक आवश्यकताएँ भी बाधा बनने के बजाय हमारे नैतिक विकास का माध्यम बन सकती हैं— यदि हम अपने वास्तविक आत्म को भूलें नहीं, यदि यह स्मरण रख सकें कि हम इस समग्र के अंश हैं, इससे पृथक नहीं। यही सर्वोदय है— सबका सब आयामों में उदय।[3]

१. दि मॉडर्न रिव्यू, पृ. ४१२, अक्तूबर, १९३५

२. हरिजन, पृ. ३०१; २५.१०.१९५२

३. आचार्य, नन्दकिशोर; सभ्यता का विकल्प, पृ. ६२; वाग्देवी प्रकाशन, बीकानेर; २०१२

अहिंसा का राजनीतिक आयाम

अहिंसा को संस्कृति का आधार-मूल्य मानने के कारण उसके आर्थिक आयाम की ही तरह राजनीतिक आयाम की भी अनदेखी नहीं की जा सकती। प्रत्येक आर्थिक व्यवस्था की एक सहजात राजनीतिक व्यवस्था भी होती है। इसलिए यह देखना भी ज़रूरी है कि क्या राज्य-व्यवस्था भी अहिंसक हो सकती है। यह सवाल इसलिए उठता है कि राज्य का आधार ही, सामान्यत: हिंसक बल को ही माना जाता है। *महात्मा गाँधी* के शब्दों में, ''राज्य संकेन्द्रित और संगठित रूप में हिंसा का प्रतिनिधित्व करता है। व्यक्ति के पास आत्मा होती है, लेकिन क्योंकि राज्य आत्मा से विहीन तन्त्र होता है, इसलिए उसे हिंसा से विरत नहीं किया जा सकता। उसका अस्तित्व ही हिंसा में निहित है।''[१] महात्मा गाँधी की इस बात का समर्थन *हेराल्ड जे. लास्की* जैसे राजनीति-विज्ञानी के इस निष्कर्ष से भी होता है कि ''राज्य के लक्ष्य कुछ भी हों, यथार्थ में राज्य एक शक्ति-संगठन है जो अपनी इच्छापूर्ति के लिए बलप्रवर्तन के अपने वैध अधिकार पर आश्रित है और अन्ततः राज्य की सेना ही उसकी इच्छापूर्ति का साधन है।''[२]

यहाँ एक सवाल यह भी उठता है कि क्या राज्य की इच्छा का कोई नैतिक औचित्य भी है अथवा वह नैतिकता निरपेक्ष है। इस पर विचार की ज़रूरत इसलिए भी है कि *हेगेल* जैसे विचारक राज्य की इच्छा को किसी नैतिक

---

१. गाँधी, महात्मा; महात्मा गाँधी के विचार (सं. आर.के. प्रभु और यू.आर. राव) पृ. १२६; नेशनल बुक ट्रस्ट, नयी दिल्ली; १९९४

२. लास्की, हेरल्ड जे; राज्य का सैद्धान्तिक और व्यावहारिक स्वरूप, पृ. १२८; एस. चाँद एण्ड कम्पनी दिल्ली, १९५६

औचित्य पर परखना अनुचित मानते हैं। हेगेल का कथन है : "राज्य एक आत्म-निर्धारित परम-मानस है, जो अपने अधिकार के अतिरिक्त किसी सत्ता को नहीं मानता और न पाप, पुण्य, अपमान, ओछापन, धूर्तता और प्रवंचना के अमूर्त नियमों को मान्यता देता है।"[१] हेगेल की दृष्टि में राज्य स्वयं पूर्ण है और पूर्ण के हित पर किसी भी अंश के हित को दबाया जा सकता है। इसका सीधा निहितार्थ यह होता है कि राज्य के नियन्त्रक वर्ग को अन्य सब पर अनियन्त्रित अधिकार स्वतः ही प्राप्त हो जाता है, लेकिन टी.एच. ग्रीन जैसे विचारक इस निष्कर्ष से सहमत नहीं होते। उनके अनुसार, "राज्य व्यक्तियों का समूह है, जो यह स्वीकार करते हैं कि प्रत्येक के अधिकार हैं और उनके पास इन अधिकारों के संधारण के लिए कतिपय संस्थाएँ हैं।"[२] इसका तात्पर्य यह है कि राज्य की शक्ति के सामान्य नागरिक पर लागू होने का नैतिक औचित्य तभी है, जब राज्य नागरिक के अधिकारों को मान्यता देता हो और "जो राज्य अपना अस्तित्व केवल बल-प्रवर्तन द्वारा बनाये रखता है, उसे नागरिकों पर कोई नैतिक अधिकार प्राप्त नहीं है। लास्की ग्रीन के—और *रूसो* के भी—विचारों का विश्लेषण करते हुए निष्कर्ष देते हैं कि "उनके लिए राज्य द्वारा सत्ता का प्रयोग उसी हालत में उचित है, जबकि वह जीवन की उन दशाओं को स्थापित करे, जिनके अन्तर्गत ही, ग्रीन के शब्दों में, एक नैतिक प्राणी होने के नाते व्यक्ति के लिए अपने जीवन-ध्येय को पाना सम्भव है।"[३] मार्क्सवादी विचार मानता है कि राज्य एक अधिरचना है, जो उत्पादन-सम्बन्धों अर्थात् वर्ग-हितों की सुरक्षा करता है क्योंकि "सरकार के द्वारा ही राज्य की सत्ता कार्यान्वित होती है। सरकार की इच्छा अन्तिम रूप से समाज के वर्ग-सम्बन्धों द्वारा तय होती है। यदि इन वर्ग-सम्बन्धों के कारण विभिन्न वर्गों के स्वार्थों में विषमता आ जाती है, तो राज्य की शक्ति उस वर्ग के स्वार्थों की रक्षा करेगी, जिसके हाथों में उत्पादन के साधन रहते हैं। उत्पादन के साधनों का स्वामित्व ही उन नियमों को निर्धारित करेगा, जिनके अन्तर्गत उत्पादन की अविच्छिन्नता निश्चित रूप से कायम

---

१. लास्की, हेरल्ड जे; राज्य का सैद्धान्तिक और व्यावहारिक स्वरूप, पृ. ३८-३९; एस. चाँद एण्ड कम्पनी दिल्ली, १९५६
२. वही, पृ. ३७
३. वही, पृ. ३८

रह सके।''[१] इसीलिए लास्की जैसे लोकतान्त्रिक समाजवादी विचारक भी यह मानते हैं कि राज्य का समाज के वर्ग-सम्बन्धों की पुनर्व्याख्या करने के लिये 'बल का प्रयोग' वांछनीय है। मार्क्सवादी प्रणाली में 'सर्वहारा की तानाशाही' की अवधारणा भी इसी आग्रह का प्रतिफलन है। इस प्रकार कह सकते हैं कि आदर्शवादी और मार्क्सवादी-समाजवादी दोनों सम्प्रदायों के विचारक यह तो स्वीकार करते ही हैं कि राज्य एक हिंसक संगठन है—चाहे इस हिंसक बल का प्रयोग वह अच्छे या बुरे किसी भी तरह के उद्देश्य के लिए करे। क्रान्तियों का लक्ष्य एक अहिंसक समाज की स्थापना करना है—एक न्यायपूर्ण समाज की स्थापना—चाहे इसके लिये उन्हें हिंसक साधनों का इस्तेमाल करना पड़े, लेकिन क्रान्तिकारी यह भूल जाते हैं कि हिंसा और हिंसा के द्वन्द्व में उद्देश्य का औचित्य नहीं, हिंसा ही सफल होती है क्योंकि इस संघर्ष में वही विजय पाता है, जो अधिक हिंसक हो सके। यह प्रकारान्तर से हिंसा को एक सामाजिक मूल्य की हैसियत से प्रतिष्ठित करना है—सफलता-असफलता का सवाल तो बाद में उठता है।

इसका सीधा तात्पर्य यह होगा कि राज्य-शक्ति और प्रक्रियाओं को उस उद्देश्य के अनुरूप होना चाहिए, जो उनके अस्तित्व का वास्तविक प्रयोजन है। लास्की भी यह तो आवश्यक मानते ही हैं कि राज्य का 'स्वरूप और संगठन दोनों की दृष्टि से उन उद्देश्यों के साथ सामंजस्य स्थापित हो जाय जिनको वह पूरा करना चाहता है।'[२] यह प्रकारान्तर से साधन और साध्य के एकत्व की धारणा का ही मोटे तौर पर स्वीकार है। सैद्धान्तिक दृष्टि छोड़कर यदि शुद्ध व्यावहारिकता या उपयोगिता के नज़रिये से देखें तो भी क्रान्तिकारी परिवर्तन के औज़ार के रूप में भी हिंसा सदैव असफल हो रही है। *जयप्रकाश नारायण* जैसे विचारक तो यहाँ तक मान लेते हैं कि हिंसक क्रान्ति के लिए उन्हें कोई नैतिक आपत्ति नहीं है, लेकिन क्रान्तिकारी के हाथ में सत्ता के आ जाने मात्र से क्रान्ति को सफल नहीं माना जा सकता क्योंकि वास्तविक लक्ष्य तो एक नयी समाज-व्यवस्था का निर्माण करना होता है। वह पूछते हैं : ''इतिहास में क्या एक भी ऐसी क्रान्ति हुई है, जो अपने सभी आदर्शों को प्राप्त करने में सफल रही हो?'' उनकी

---

१. वही, पृ. १२५
२. वही, पृ. १९०

दृष्टि में इसका मूल कारण यही है कि हिंसक प्रक्रिया में परिवर्तन और नव-निर्माण साथ-साथ नहीं चल पाते, जबकि अहिंसक प्रक्रिया अपने स्वरूप और संगठन में मूल उद्देश्य की अनुरूपता में होती है। दूसरे, यह भी देखा गया है कि राजनीतिक हिंसा के प्रतिक्रान्तिकारी होने की सम्भावना अधिक होती है क्योंकि 'हिंसक क्रान्ति हमेशा किसी-न-किसी प्रकार की तानाशाही को जन्म देती है' जयप्रकाश नारायण तोलस्तोय की एक उक्ति को थोड़ा बदलकर कहते हैं कि 'क्रान्तिकारियों ने जनता के लिए सब कुछ तो किया है, केवल उसकी पीठ से उतरने का कष्ट नहीं किया है।'[१]

तिलक जैसे विचारकों की भी मान्यता है कि निजी राग-द्वेष और स्वार्थ से ऊपर उठकर 'लोक-संग्रह' के लिए यदि हिंसा हो तो यह एक प्रकार की 'निष्काम हिंसा' है।[२] *फ्रेंज फेनन* जैसे नववामपन्थी विचारक तो यहाँ तक मानते हैं कि हिंसा के माध्यम से ही लोग सामाजिक सत्यों को जान पाते हैं। हिंसा व्यक्तियों की शुद्धि करती है और दबे हुए लोगों को उनकी हीनभावना और निराशा तथा निष्क्रियता से मुक्ति दिलाकर उन्हें अभय और आत्मसम्मान लौटाती है।[३] फेनन की पुस्तक की भूमिका लिखते हुए सार्त्र कहते हैं कि 'जब कोई मूल अफ्रीकी किसी उपनिवेशी पर हिंसा का इस्तेमाल करता है तो अपनी खोई हुई निष्पापता का पुनराविष्कार करता है।'[४] *हर्बट मारक्यूज* हिंसा को अनैतिक मानते हुए भी सवाल करते हैं कि इतिहास का निर्माण कुछ नैतिक प्रतिमानों के आधार पर हो सका है।[५]

अहिंसा की दृष्टि 'निष्काम हिंसा' को भी स्वीकार करने के लिए सहमत नहीं हो सकती क्योंकि प्रथम तो बिना क्रोध या घृणा के हिंसा सम्भव ही नहीं है और यदि कोई एकाध व्यक्ति रागद्वेषादि से मुक्त होकर निष्काम हिंसा सम्पादित कर भी सकता हो तो भी यह नहीं माना जा सकता कि व्यापक तौर पर यह सब के लिए उत्तेजनारहित हिंसा सम्भव हो सकती

---

१. नारायण, जयप्रकाश; मेरी विचारयात्रा, भाग-एक, पृ. १०४-११; सर्वसेवा संघ प्रकाशन, वाराणसी; १९७४

२. तिलक, बाल गंगाधर; गीता रहस्य (अनुवाद : माधवराव सप्रे), पृ. ३९६

३. फेनन, फ्रेंज; दि रोचेड ऑफ़ दि अर्थ, पृ. ७४; पेंगुइन बुक्स; १९६७

४. सार्त्र, जॉ पाल; वही, पृ. १८-१९

५. मारक्यूज, हर्बर्ट; ए क्रिटीक, ऑफ़ प्योर टालरेंस, पृ. १०३; बीकन प्रेस, बोस्टन; १९६६

है। दूसरे, यदि हिंसा निष्काम हो और वह एकधारगी सफल भी हो जाय, तब भी उससे हिंसा ही मूल्य रूप में स्थापित होगी, जो अन्याय की मूल प्रेरणा है।[१]

फ्रेंज फेनन स्वयं एक मनोचिकित्सक रहे, लेकिन उनका और *सार्त्र* आदि का हिंसा की ओर आकर्षण एक मनोरोग को ही बढ़ाता है। फेनन का तर्क है कि हिंसा का प्रयोग दलित जाति या वर्ग में हीनभाव को मिटाकर आत्मसम्मान पैदा करता है। जिस आत्मविश्वास और आत्मसम्मान की बात नववामपन्थी करते हैं, वह एक आक्रामक आत्मविश्वास है, जो प्रकारान्तर से किसी गहरी हीन भावना की ही अभिव्यक्ति होता है। अहिंसा जो आत्मविश्वास पैदा करती है, उसकी जड़ें एक गहरे नैतिक आत्म में होती है। यह आत्मविश्वास न तो आक्रामक होता है और न उसमें कोई प्रतिशोधात्मक हीनताबोध ही होता है। अहिंसा एक स्वस्थ मन की अभिव्यक्ति है—यदि वह अहिंसा की आड़ में कायरता नहीं है। दलित वर्ग में जिस आत्मसम्मान के लौटने की बात फेनन और उनके साथी करते हैं, वह तो अहिंसा के माध्यम से ही सम्भव है।[२] भारत में दलित आन्दोलन के सर्वमान्य नेता एवं विचारक डॉ. अम्बेडकर भी इसी कारण अहिंसा के मार्ग को ही बेहतर मानते हैं। 'सत्याग्रह' की अवधारणा महात्मा गाँधी की देन है। उसकी व्याख्या करते हुए डॉ. अम्बेडकर ने अपने पत्र 'बहिष्कृत भारत' के २५ नवम्बर, १९२७ के अंक में लिखा कि जिस कार्य से जन संगठित होते हैं, वह सत्कार्य है और उसके लिए जो आग्रह किया जाता है, वह सत्याग्रह है। इसलिए सत्याग्रह का अर्थ है सत्कार्य के लिए लोगों को एक साथ लाना। और जोर देकर उन्होंने कहा कि ऐसा सत्याग्रह सिर्फ़ अहिंसा का अवलम्बन लेकर ही किया जा सकता है। बुद्ध और कार्ल मार्क्स की तुलना करते हुए भी बुद्ध के मार्ग को श्रेयस्कर बताने का उनका तर्क यही है कि मार्क्स का मार्ग हिंसा का है, तानाशाही का है, इसलिए वह क्षणिक है। बुद्ध का रास्ता अहिंसक और प्रजातन्त्रवादी है।[३] महात्मा गाँधी का स्मरण

---

१. आचार्य, नन्दकिशोर, सभ्यता का विकल्प, पृ. ७५; वाग्देवी प्रकाशन, २०१२
२. वही, पृ. ७५
३. तिवारी, बजरंग बिहारी; अहिंसा विश्वकोश (सं. नन्दकिशोर आचार्य), पृ. ४९-५०, प्राकृत भारती अकादेमी, जयपुर; २०१४

हो आता है कि "क्रूरता का जवाब क्रूरता से देना अपने नैतिक और बौद्धिक दिवालियेपन को स्वीकार करना है और यह केवल एक दुश्चक्र को ही जन्म दे सकता है।"[१]

इसलिए, यदि हम एक अहिंसक राज्य-व्यवस्था का स्वप्न देखते हैं तो उसके लिये उपाय भी अहिंसक ही होने चाहिए। अन्याय अर्थात् हिंसा को मिटाना तो है, पर हिंसा से नहीं क्योंकि तब भी हिंसा की ही प्रतिष्ठा हो जाती है। इसीलिए विचारकों का एक वर्ग हिंसा को अहिंसक उपायों से मिटाने का समर्थन करता है। इतिहास में ऐसे कई उदाहरण मिल भी जाते हैं। एक उदाहरण आस्ट्रिया हंगरी के बीच का है। आस्ट्रिया और हंगरी का राजा एक होता था, लेकिन इस व्यवस्था में हंगरी को स्वायत्तता उपलब्ध थी अर्थात् एक शासक के होते हुए भी हंगरी आस्ट्रिया का हिस्सा नहीं था। १८४८ ईस्वी में हंगरी की स्वायत्तता समाप्त कर दी गयी। सैनिक प्रतिरोध सम्भव नहीं था क्योंकि सेना राजा के अधीन थी। 'हंगरीवासियों ने निष्क्रिय प्रतिरोध के तरीक़ों का प्रयोग किया। इसमें टैक्स का भुगतान नहीं करना, आस्ट्रियन वस्तुओं का बहिष्कार करना, आस्ट्रिया के कर्मचारियों का बहिष्कार करना आदि शामिल थे। अन्य दबावों के साथ यह नैतिक दबाव रंग लाया। हंगरी को उसकी स्वायत्तता प्राप्त हुई।'[२]

अहिंसक प्रतिरोध को एक राजनीतिक अवधारणा का रूप देने में जिन विचारकों का महत्त्वपूर्ण योगदान है, उनमें *थोरो, तोलस्तोय* और महात्मा गाँधी सर्वाधिक उल्लेखनीय हैं और महात्मा गाँधी ने तो न केवल वैयक्तिक बल्कि सामूहिक स्तर पर भी उसका सफल प्रयोग किया। थोरो अपने लेख 'सविनय अवज्ञा' में सवाल उठाते हैं कि सत्य बड़ा है या क़ानून और मानते हैं कि यदि क़ानून अन्यायपूर्ण है तो 'मेरा कर्तव्य यह है कि मैं जिस अन्याय की निन्दा करता हूँ, उसे स्वयं सहयोग न दूँ।' वह तो यहाँ तक कह देते हैं कि 'जो लोग सरकार के आचरण और उसके कार्यों की निन्दा करते हुए भी उसे अपनी निष्ठा और सहायता प्रदान करते हैं, वे निस्सन्देह उसके सबसे बड़े सजग सहयोगी हैं और इस प्रकार बहुधा सुधारों के मार्ग में सबसे बड़े रोड़े हैं।' इसलिए, थोरो

१. गाँधी महात्मा; हरिजन, पृ. १७४; १.६.१९४७

२. जोशी, शम्भू; अहिंसक प्रतिरोध : थोरो, टॉलस्ताय और गाँधी, पृ. २०; प्राकृत भारती अकादेमी, जयपुर; २०१४

मानते हैं कि 'तत्काल असहयोग ही किसी भी अन्याय के विरुद्ध सक्रिय और विवेकमयी प्रतिक्रिया है।'[१]

तोलस्तोय हिंसा के विरोध के लिए 'अप्रतिरोध' को प्रस्तावित करते हैं क्योंकि उनकी प्रेम की धारणा में प्रतिरोध के लिए स्थान नहीं है। सवाल उठना चाहिए कि 'प्रतिरोध' से बुराई को कैसे मिटाया जा सकता है। बुराई, तोलस्तोय के अनुसार 'लोगों के सहयोग' पर टिकी होती है। यदि बुराई से इस सहयोग को हटा लिया जाय तो बुराई स्वत: ही समाप्त हो जायगी। उनका अप्रतिरोध से आशय बुराई को स्वीकार कर लेने से नहीं बल्कि बुरे के साथ बुरा न करने से है। 'शोषक, सत्ताशाली के साथ न चलना ही उसकी अस्वीकृति का बड़ा भाग है और सबसे सशक्त प्रतिरोध भी।'[२] इसके परिणामस्वरूप जो कष्ट या दण्ड मिले उसे झेलना भी विपक्षी के मन में दबी अच्छाई को जगाने का एक उपाय होने से प्रकारान्तर से अहिंसक प्रतिरोध की ही भूमिका निबाहना है।

बहुत से विद्वानों का विचार रहा है कि 'प्रेम' या 'अहिंसा' के प्रति महात्मा गाँधी का आकर्षण तोलस्तोय की वजह से है। इसमें कोई सन्देह नहीं कि गाँधी तोलस्तोय के बहुत बड़े प्रशंसक थे, लेकिन महात्मा गाँधी और तोलस्तोय की कई मान्यताओं में बुनियादी अन्तर रहा है। फ़िलहाल उनकी दार्शनिक भिन्नताओं की चर्चा में न भी पड़ें तो भी 'प्रेम के नियम' का व्यावहारिक स्वरूप दोनों में भिन्न है। तोलस्तोय का आग्रह 'अप्रतिरोध' का है क्योंकि जहाँ प्रेम है, वहाँ प्रतिरोध नहीं हो सकता, लेकिन गाँधीजी का बल 'सत्याग्रह' पर है, जो एक सकारात्मक धारणा है जो केवल 'अप्रतिरोध' द्वारा अन्याय या असत्य का विरोध और सत्य की स्थापना का आग्रह करती है। यही कारण है कि तोलस्तोय का 'अप्रतिरोध' या 'थोरो' की 'सविनय अवज्ञा' केवल वैयक्तिक अन्त:करण को जगाने का प्रयास तक सीमित रह जाते हैं, वहीं गाँधीजी का 'सत्याग्रह' सामूहिक स्तर पर सामाजिक-राजनीतिक परिवर्तनों का कारण बनता है। रेल के डब्बे से बाहर फेंक दिये जाने पर गाँधी जी केवल उसे चुपचाप बर्दाश्त नहीं कर लेते बल्कि ऐसे अन्याय और उसे करनेवाली व्यवस्था के ख़िलाफ़ 'सत्याग्रह' करते हैं। सत्याग्रह का ध्येय और प्रकार्य, दरअसल, त्रिआयामी है क्योंकि

१. वही, पृ. २६-२७
२. वही, पृ. ९२-९३

अन्याय के अहिंसक प्रतिकार और इस प्रक्रिया में सत्याग्रही के नैतिक उत्कर्ष के साथ-साथ वह उसके मन में भी अहिंसा और न्याय का बोध जगाने की कोशिश है जिसे सामान्यतः प्रतिपक्ष कह दिया जाता है क्योंकि दरअसल, सत्याग्रह में कोई प्रतिपक्ष होता ही नहीं, क्योंकि वहाँ कोई 'अन्य' नहीं होता। सत्याग्रह इस कथित प्रतिपक्ष के नैतिक उत्कर्ष के दायित्व का बोध भी है, क्योंकि वह अपना ही एक रूप है। अहिंसा की अनुभूति का आधार जीवन मात्र के एकत्व की अवधारणा है, जिसका व्यावहारिक रूप साथ के प्रति प्रेम और दायित्व-निर्वाह है। इसलिए जिसे हम, सामान्यतः, अन्य या प्रतिपक्ष कह देते हैं, उसके प्रति दायित्व-निर्वाह के बिना एकत्व का यह बोध या अहिंसा की अनुभूति सम्भव ही नहीं है...अस्तित्व के प्रति किसी भी प्रकार की हिंसा असत्य है और इसलिए उसका अहिंसात्मक प्रतिकार एवं एक अहिंसात्मक व्यवस्था की रचना सत्याग्रह की माँग करती है। विकल्प के अन्वेषण और सिद्धि की प्रक्रिया रचनात्मक प्रतिकार है। इन्हीं अर्थों में सत्याग्रह संस्कृति हो जाता है।'[१] विभिन्न मसलों और भारत की स्वाधीनता के लिए महात्मा गाँधी द्वारा आयोजित आन्दोलन और कार्यक्रम सत्याग्रह की इसी सक्रिय अवधारणा से प्रेरित रहे हैं।

विनोबा गाँधीजी की सत्याग्रह की अवधारणा को एक नया आयाम देते हैं। वह अहिंसक प्रतिकार से आगे बढ़कर 'विरोधी को सही चिन्तन के लिए मदद करना' सत्याग्रह की भूमिका मानते हैं, यद्यपि वह इतना तो स्वीकार करते हैं कि 'सम्यक् चिन्तन में मदद पहुँचाने में कभी बाहर से विरोध करना पड़ता है, कभी असहयोग करना पड़ता है, तो किया जाय, लेकिन रूप 'नान-वायलेंट असिस्टेंस इन राइट थिंकिंग' का ही हो। अपने चित्त में मदद का भाव हो और सामने वाले को भी अनुभव हो कि यह व्यक्ति हमारी मदद कर रहा है।'[२] विनोबा अपनी अवधारणा को 'सौम्य सत्याग्रह' की संज्ञा देते हैं और इसी की शक्ति को बढ़ाते हुए 'सौम्यतर' और 'सौम्यतम' सत्याग्रह का अनुरोध करते हैं। सौम्यतर और सौम्यतम से उनका आशय है क्रिया को न्यून करते हुए विचार समझाने को निरन्तर

---

१. आचार्य, नन्दकिशोर; सभ्यता का विकल्प, पृ. ८९; वाग्देवी प्रकाशन, बीकानेर, २०१२

२. विनोबा साहित्य, खण्ड-सोलह, पृ. २६५; परधाम प्रकाशन, वर्धा; १९९०

अधिक महत्त्व देते जाना। भूदान आन्दोलन के दौरान दान माँगते जाने और उसके लिए अपने व्यक्तित्व के दबाव को धीरे-धीरे कम करते जाने तथा विचार समझाने की प्रक्रिया को बढ़ाते जाने को विनोबा सौम्य, सौम्यतम और सौम्यता सत्याग्रह की ओर बढ़ने की प्रक्रिया के उदाहरण की तरह प्रस्तुत करते हैं।''[१] वह यह भी स्पष्ट कर देते हैं कि ''जो सिद्धान्त सर्वमान्य है और उसका अनादर हो रहा है तो उसके लिए सत्याग्रह किया जा सकता है, लेकिन जो सिद्धान्त सर्वमान्य नहीं है और हमें मान्य है, वह शिक्षा का विषय है। इसलिए, उसमें हम प्रचार करते रहते हैं।''[२] और यह तो स्पष्ट है ही कि विनोबा की दृष्टि में यह प्रचार भी सत्याग्रह का ही सौम्यतर रूप है। अहिंसक प्रतिकार की इन अवधारणाओं में तात्त्विक अभेद होते हुए भी उसके व्यावहारिक रूप और कार्यक्रम में कुछ भेद हैं, लेकिन यह तो सभी स्वीकार करते हैं कि एक अहिंसक समाज की स्थापना के लिए किये जाने वाले राजनीतिक उपायों के भी अहिंसक हुए बिना उस लक्ष्य की उपलब्धि नहीं हो सकती। प्रक्रिया की अहिंसात्मकता के बिना परिणाम अहिंसक नहीं हो सकता। प्रारम्भिक मार्क्स ने भी तो यह माना ही था कि जिस साध्य के लिए अन्यायपूर्ण साधन की आवश्यकता पड़ती हो, वह न्यायपूर्ण साध्य नहीं हो सकता।[३]

लेकिन अहिंसक राजनीतिक संस्कृति का तात्पर्य केवल राजनीतिक उपायों तक ही सीमित नहीं है। राज्य की अपनी संरचना और स्वभाव भी उसके अन्तर्गत आते हैं। यदि अहिंसा संस्कृति का मूलाधार है तो समाज की सभी संरचनाओं का तात्त्विक आधार भी उसी को होना चाहिए। राज्य, अन्ततः, मानवीय बेहतरी का साधन होने पर ही अपनी सार्थकता सिद्ध कर सकता है। अहिंसक समाज यदि हमारा साध्य है तो उसके एक साधन के रूप में राज्य व्यवस्था का आधार हिंसा को नहीं स्वीकार किया जा सकता।

सामान्यतः, लोकतान्त्रिक व्यवस्था को अहिंसक व्यवस्था माना जाता है, लेकिन हमारा ऐतिहासिक अनुभव बताता है कि औपचारिक रूप से

---

१. आचार्य, नन्दकिशोर; साम्ययोग के आयाम, पृ. ८४; प्राकृत भारती अकादेमी, जयपुर; २०१७

२. विनोबा साहित्य, खण्ड-सोलह, पृ. २८५

३. कामू, अल्बेयर; दि रेबेल, पृ. १७७; पैंगुइन बुक्स, लन्दन; १९७३

लोकतन्त्र बने रहकर भी राज्य अधिनायकत्व अर्जित कर लेता है क्योंकि वह भी अन्ततः हिंसक शक्ति के नियम से ही परिचालित होता है। राज्य की सम्प्रभुता का सिद्धान्त, दरअसल, राज्य में शक्ति के केन्द्रित हो जाने का ही सिद्धान्त है। यह धारणा बलवती होती गयी है कि समाज में कोई भी परिवर्तन राज्य की इच्छा के बिना नहीं हो सकता और इसलिए राजनीतिक संगठनों का एकमात्र लक्ष्य राजसत्ता पर येनकेन प्रकारेण अधिकार करना और उसे बनाये रखना हो जाता है। यह प्रक्रिया इतनी जटिल और ख़र्चीली होती है कि विभिन्न उद्देश्यों वाले लोकतान्त्रिक दलों की कार्यप्रणाली और साधनों में कोई बुनियादी फ़र्क़ नहीं रह जाता। साधन साध्य को प्रभावित करता है, अतः घोषित उद्देश्यों की भिन्नता के बावजूद सभी प्रकार के राजनीतिक संगठनों का व्यवहार लगभग एक सरीखा हो जाता है—क्योंकि सत्ता की वास्तविक प्रक्रिया—इलिच से शब्द उधार लेकर कहें तो 'गुप्त एजेंडा' एक जैसा होता है।

जिस प्रतिनिधि सत्तात्मक और संसदीय लोकतन्त्र को अद्यतन प्रणालियों में सर्वाधिक दोषमुक्त माना जाता है, उसे बीसवीं सदी की शुरुआत में ही महात्मा गाँधी ने 'वेश्या' और 'बाँझ' जैसे विशेषणों से विभूषित किया था। गाँधी जी कहते हैं : 'मैंने उसे बाँझ कहा क्योंकि अब तक उस पार्लियामेंट ने एक भी अच्छा काम नहीं किया। अगर उस पर जोर-दबाव डालने वाला कोई न हो तो वह कुछ भी न करे, ऐसी उसकी कुदरती हालत है और वह वेश्या है, क्योंकि जो मन्त्रिमण्डल उसे रखे, उसके पास वह रहती है।'

मार्क्सवाद तो संसदीय लोकतन्त्र को न्यस्त वर्गीय स्वार्थों का रक्षक मानता ही है, किन्तु उससे भिन्न दर्शन विकसित करने वाले एम.एन. राय जैसे विचारकों का विश्लेषण भी इसी निष्कर्ष पर पहुँचता है कि इस व्यवस्था में 'आर्थिक प्रतिकूलताओं में काम कर रहे बहुसंख्यक वर्ग से सम्बन्धित व्यक्ति नागरिकों को बहुत कम अवसर हैं कि वे अपने सम्प्रभुता के उस अधिकार का प्रभावी प्रयोग कर सकें, जो औपचारिक रूप से उनका है। क़ानून उन्हें नगण्य सुरक्षा देता है—ख़ासतौर पर संकट के समय। दो चुनावों के बीच की अवधि में लोकतन्त्र पूरी तरह दृश्य से बाहर रहता है। इस अवधि में संसद में बहुमत वाला दल संवैधानिक रूप से अधिनायकवादी शक्तियाँ ग्रहण कर सकता है। लोकतान्त्रिक अनुमोदन से सम्भव शक्ति

के इस दुरुपयोग के विरुद्ध कोई क़ानूनी सुरक्षा नहीं है।'[१] हिटलर का उदाहरण प्रस्तुत करते हुए राय कहते हैं कि ऐसी व्यवस्थाओं में 'पक्के जनोन्मादी' राजनीतिज्ञ ही सफल हो पाते हैं और टिप्पणी करते हैं कि 'औपचारिक लोकतन्त्र के मानदण्ड—मस्तकों की गिनती—की पद्धति से मापने पर स्वीकृत अधिनायक हिटलर हमारे समय का सर्वाधिक सफल लोकतन्त्रवादी था। जनता में सामूहिक उन्माद जगाकर उसने कई बार उसका लगभग सर्वसम्मत समर्थन हासिल किया।' साथ ही राय यह चेतावनी देना भी आवश्यक समझते हैं कि 'यदि जनता नैतिक और विवेकशील निर्णय में समर्थ मानव-समूह नहीं रहती तो जनता की आवाज़ ईश्वर की आवाज़ नहीं रह पाती। औपचारिक लोकतन्त्र का भीड़तन्त्रीय व्यवहार सम्प्रभु जनता को मतदाता यन्त्रमानवों के एक ढेर की हैसियत में ला देता है।'[२]

इसीलिए, अराजकतावादी राजनीतिक दर्शन राज्य को एक अनिवार्य संस्था नहीं मानता। वह हिंसामुक्त नहीं हो सकता, इसलिए लोकतन्त्र होते हुए भी उसका व्यवहार हिंसक बना रहता है। लोकतान्त्रिक कहे जाने वाले राज्य भी, अन्ततः बहुमत के आधार पर अल्पमत के साथ हिंसा करने का सामर्थ्य तो रखते ही हैं। अराजकतावादी दार्शनिक एक ऐसे भविष्य की अवधारणा करते हैं, जिसमें किसी-न-किसी प्रकार की हिंसामुक्त राजनीतिक संरचना कायम हो सकेगी। अराजकतावादी दर्शन मनुष्य को मूलतः उत्तम प्रकृति—बिनाइन नेचर—का मानता है, जिसे सत्ता का सम्पर्क विकृत कर देता है। उनका मानना है कि यदि उसकी इस उत्तम प्रकृति को किसी सत्तारूप से मुक्त रहने दिया जाय, तो उसके जीवन में सद्भाव, परोपकार, स्वैच्छिक सहकार और पारस्परिकता का निरन्तर विकास होता रहेगा और वह किसी सत्ता के नियन्त्रण के बिना भी एक उत्तम जीवन जी सकने में समर्थ व सफल हो सकेगा। प्रूदो, गाडविन, तोलस्तोय, थोरो, क्रोपोटकिन, महात्मा गाँधी और विनोबा जैसे विचारकों को अराजकतावादियों की एक परम्परा के रूप में देखा जाना चाहिए। इनमें कई ऐसे विचारक भी हैं, जो राज्य के लोप के साथ-साथ वैयक्तिक सम्पत्ति के लोप पर भी बल देते

१. गाँधी महात्मा; हिन्द स्वराज, पृ. १४; नवजीवन प्रकाशन मन्दिर, अहमदाबाद; २००९

२. राय, एम.एन.; नव मानववाद, पृ. २०-२१; वाग्देवी प्रकाशन, बीकानेर; १९९८

हैं। प्रसिद्ध फ्रांसीसी अराजकतावादी विचारक प्रूदो की प्रसिद्ध उक्ति है : सम्पत्ति चोरी है। प्रूदो का मानना है कि अपने आवास तथा बुनियादी आवश्यकताओं की स्वस्थ पूर्ति से अधिक सम्पत्ति रखना नैतिक अपराध है। विनोबा जैन-दर्शन के अपरिग्रह और अस्तेय व्रतों से जोड़कर इसकी व्याख्या करते हैं। विलियम गाडविन की धारणा है कि नैतिकता और जागरूकता बढ़ने के साथ-साथ मनुष्य स्वयं ही राज्य की निरंकुश सत्ता के सम्मुख झुकने से इनकार कर देगा और सभी मनुष्य स्वैच्छिक सम्बन्धों पर आधारित व्यवस्था के माध्यम से न्यायपूर्ण समाज का विकास कर सकेंगे। क्रोपोटकिन की 'पारस्परिक सहायता'—म्युचुअल एड—की अवधारणा ने मानव-विकास को समझने की नयी दृष्टि दी है। क्रोपोटकिन का मानना है कि पारस्परिकता या सामाजिकता एक अन्तर्जात प्रवृत्ति है और यदि अन्य बाह्य दबाव न हों तो यह सहयोग निरन्तर विकसित होता रह सकता है। महात्मा गाँधी और एम.एन. राय जैसे भिन्न दृष्टियों वाले विचारक भी, इसीलिए इतिहास की अपनी व्याख्याओं में संघर्ष के बजाय प्रेम, मेलजोल या सहकार को केन्द्रीय कारक मानते हैं। क्रोपोटकिन का मानना है कि उपयुक्त शिक्षा तथा सहयोगमूलक अर्थव्यवस्था द्वारा मानव-जाति में पारस्परिक सहयोग की इस प्रवृत्ति को और अधिक विकसित किया जा सकने पर राज्य स्वत: ही अहिंसक तरीक़े से समाप्त हो जायगा क्योंकि राज्य का आधार हिंसा या बल है, पारस्परिक सहयोग नहीं। क्रोपोटकिन की व्यवस्था में भी निजी सम्पत्ति को कोई स्थान नहीं है; इसलिए, विषमता का भी नहीं। महात्मा गाँधी भी ग्राम-स्वराज्य की प्रक्रिया के माध्यम से एक राज्य-मुक्त समाज का स्वप्न देखते हैं।

जार्ज सोरेल, कार्ल मार्क्स और *फ्रेडरिक एंगेल्स* तथा *बाकुनिन* जैसे क्रान्तिवादी भी एक राज्यविहीन समाज का सपना तो देखते हैं, लेकिन उसके लिये हिंसक साधनों के उपयोग को अनुचित नहीं मानते, लेकिन मनुष्य की सहज उत्तम प्रकृति और पारस्परिक सहयोग को केन्द्रीय महत्त्व देने के कारण दार्शनिक अराजकतावादी हिंसा के प्रयोग को नहीं, बल्कि मानव-विकास की यात्रा में अहिंसक साधनों को केन्द्रीय मानने के कारण समाज की अहिंसक संरचना के विकास को सम्भव मानते हैं। लेकिन यह भी तय है कि चाहे किसी सम्प्रभु राज्य की आवश्यकता न होने पर भी किसी-न-किसी प्रकार की व्यवस्था की आवश्यकता तो व्यवहारत: रहेगी

ही। महात्मा गाँधी की स्वराज और ग्राम-स्वराज की अवधारणाएँ इसी आवश्यकता की पूर्ति का आश्वासन देती हैं। एक प्रणाली के रूप में केन्द्रीकरण क्योंकि 'समाज की अहिंसक संरचना के साथ मेल नहीं खाता', इसलिए, वह सम्प्रभुता के विकेन्द्रीकरण अर्थात् ग्राम-स्वराज की धारणा पर जोर देते हैं। स्पष्टतया, इसका अर्थ है सम्प्रभुता का लघुतम स्तर तक बँटवारा। इसका तात्पर्य है कि हमें राज्य के सम्प्रभु होने के पूर्वग्रह से मुक्त होना होगा। विकेन्द्रीकरण का मतलब राज्य के कार्यों या अधिकारों का एक सीमा तक स्थानीय संस्थाओं का हस्तान्तरण नहीं है। विकेन्द्रीकरण का वास्तविक तात्पर्य सम्प्रभुता का विकेन्द्रीकरण है।[१] इसका मतलब है कि सभी क्रियाशीलताओं का हर स्तर पर स्वायत्त और स्वनियन्त्रित होना। राज्य जैसी संस्था की भूमिका तब केवल एक संयोजक की ही हो सकती है। महात्मा गाँधी, इसीलिए, इस संरचना को 'महासागरीय वलय'— ओसिएनिक सर्किल—की संज्ञा देते हैं।

विनोबा भी यह मानते हैं कि "जैसे-जैसे प्रजा की शक्ति, योग्यता और ज्ञान बढ़ेगा, प्रजा में परस्पर सहयोग का माद्दा बढ़ेगा, वैसे-वैसे सरकार की ज़रूरत कम होती जायगी। फिर सरकार आज्ञा देने वाली नहीं, बल्कि सलाह देने वाली संस्था बन जायगी...सर्वोदय के अन्तिम आदर्श में हम शासनमुक्त समाज की कल्पना करते हैं।"[२]

विनोबा इसीलिए, 'स्वयंपूर्ण गाँव' की कल्पना करते हैं, जो मोटे तौर पर महात्मा गाँधी के 'ग्राम-स्वराज्य' की धारणा से मिलता-जुलता है, लेकिन उनकी विशेषता यह है कि एक ओर वे 'स्वयंपूर्ण गाँव' को रखते हैं तो दूसरी ओर 'विश्व-पंचायत' की धारणा को। उनका मत है कि "जैसे-जैसे विज्ञान बढ़ता जायगा, वैसे-वैसे छोटे-छोटे ज़िले, प्रान्त और देश हटते जायेंगे।"[३] यह उल्लेखनीय है कि विनोबा कहीं भी 'विश्व-सरकार' पद का इस्तेमाल नहीं करते। कार्ल मार्क्स की प्रसिद्ध उक्ति है कि प्रत्येक की स्वतन्त्रता सबकी स्वतन्त्रता की अनिवार्य शर्त है। इसी तर्ज पर कहा जा सकता है कि प्रत्येक का स्वराज सबके लिए स्वराज की अनिवार्य शर्त

१. आचार्य, नन्दकिशोर; सभ्यता का विकल्प, पृ. ७९-८०; वाग्देवी प्रकाशन, बीकानेर; २०१२
२. विनोबा साहित्य, खण्ड-सोलह, पृ. २८५; परधाम प्रकाशन, वर्धा; १९९६
३. वही, पृ. १६७

है। विनोबा संकीर्ण राष्ट्रवादी पूर्वग्रहों से मुक्त होकर इसीलिए 'जयहिन्द' के बजाय 'जय जगत' का मन्त्र देते हैं। ग्राम-स्वराज्य या 'स्वयंपूर्ण गाँव' की अवधारणा पर विचार करते हुए यह भी स्मरण हो आना चाहिए कि आख़िर मार्क्स भी तो 'ऑल पॉवर टु कम्यून्स' का मन्त्र ही तो देते हैं।

यह सवाल उठाया जा सकता है कि क्या यह सम्भाव्य या व्यवहार्य है। *श्री अरविन्द* विकासवादी सिद्धान्त की व्याख्या 'प्रकृति के विकासात्मक प्रत्यय' के रूप में करते हैं। वह मानते हैं कि हम अभी अपूर्ण हैं और विकासशील हैं। इसलिए, हमारा जीवन दो प्रकार के नियमों से परिचालित होता है। हमारी वर्तमान वास्तविकता का नियम और हमारी सम्भावना का नियम। हमारी वास्तविकता हमारे जीवन के आज तक के विकास के स्तर की अभिव्यक्ति है, लेकिन हमारी सम्भावना नये रूपों का संकेत कराती है। *बर्ट्रेंड रसेल* जैसे दार्शनिक भी एक भिन्न विश्लेषण के आधार पर मानव-प्रकृति के विकास की प्रक्रिया को स्वीकार करते हैं। उनके अनुसार, ज्ञान के विकास के साथ भावात्मक विकास समकक्षता इसलिए नहीं प्राप्त कर पाता क्योंकि उसकी गति ज्ञान की विकास-प्रक्रिया से धीमी होती है। उनका विचार है कि "हमारी अन्य मानसिक क्षमताओं की तरह हमारे भाव भी जीवन-संघर्ष में ही क्रमशः विकसित हुए हैं, लेकिन प्रतिद्वन्द्विता इसलिए अभी तक जारी है, क्योंकि हमारे भाव अभी तक हमारी तकनीक के अनुरूप नहीं बन पाये हैं। वह अभी तक ऐसे रूपों में जारी है...क्योंकि जिस गति से हम अपनी कुशलताओं को विकसित करते हैं, अपने भावों को उसी गति से विकसित नहीं कर पाते।"[१] इसलिए चुनौती भावों को विकसित करने की है, जिसमें संरचनात्मक बदलाव निश्चय ही महत्त्वपूर्ण भूमिका निबाहते हैं। एक प्रकार से यह भी साध्य-साधन सम्बन्ध है। महात्मा गाँधी लोकतन्त्र की एक बिल्कुल नयी परिभाषा देते हैं, जो शासन पर नहीं सेवा पर आधारित है : "सार रूप में लोकतन्त्र का अर्थ होना चाहिए सभी की आम भलाई के लिए सभी वर्गों के समस्त भौतिक, आर्थिक और आध्यात्मिक संसाधनों के जुटाव की कला और विज्ञान।" स्वराज को परिभाषित करते हुए वह कहते हैं : "स्वराज का अर्थ है सरकार के नियन्त्रण से मुक्त होने का सतत प्रयास, चाहे यह सरकार

---

१. रसेल, बर्ट्रेंड; मन की यात्राएँ (सं. रिचर्ड त्रुएलसन), पृ. ३२४-२५; आत्माराम एण्ड सन्स, दिल्ली; १९६४

विदेशी हो या राष्ट्रीय।'' यदि इन दोनों परिभाषाओं को साथ मिलाकर पढ़ा जाय तो अर्थ होगा, सभी की आम भलाई के लिए समस्त भौतिक, आर्थिक और आध्यात्मिक संसाधनों के जुटाव की सरकार के नियन्त्रण से मुक्त कला और विज्ञान। यह जुटाव अहिंसा के विज्ञान और विकेन्द्रीकरण की कला के माध्यम से ही सम्भव है।[१]

१. आचार्य, नन्दकिशोर; सभ्यता का विकल्प, पृ. ७९; वाग्देवी प्रकाशन, बीकानेर; २०१२

अहिंसा का सांस्कृतिक आयाम

"जब हम कहते हैं कि मनुष्य विकास-प्रक्रिया की अद्यतन श्रेष्ठतम अभिव्यक्ति या सोपान है, तब उसका एक निहितार्थ यह भी होता है कि वह विकासशील चेतना है और क्योंकि चेतना जीवन का ही गुणोत्कर्ष है, इसलिए जीवन की विकास-प्रक्रिया का एक अर्थ चेतना का विकास हो जाता है। आत्मरक्षा जीवन की सहज प्रवृत्ति है, लेकिन चेतना का विकास होने पर आत्म का दायरा विस्तृत होता चला जाता है, जिसका अर्थ है अपने और शेष जीवन के बीच एक तात्त्विक ऐक्य का भाव विकसित हो जाता है। सन्तान, परिवार, जाति, सम्प्रदाय, वर्ग, राष्ट्र आदि इसी आत्म के विस्तार के दायरे हैं—और दायरे हैं, इसलिए इनके द्वारा होने वाली आत्म की पहचान और उनके माध्यम से सम्पूर्ण अस्तित्व से जुड़ने की एक सीमा है, जिसे न समझ पाने पर आत्म का विस्तार और उसकी अनुभूति बाधित होती है तब वह न केवल निर्दोष सत्य नहीं हो सकती, बल्कि कई बार उसी को अन्तिम मान लेने पर वह एक आत्म-प्रवंचना में बदल जाती है और इस प्रकार जीवन और चेतना के विकास में बाधक भी हो जाती है। नस्लवाद, सम्प्रदायवाद, राष्ट्रवाद, साम्राज्यवाद आदि के कारण इतिहास में जो कुछ हिंसक और अमानवीय घटित होता है, वह इसी दृष्टिभ्रम का परिणाम है।"[१]

यह दृष्टिभ्रम ही उस हिंसा का मूल कारण है, जिसे जोहन गाल्जंग 'सांस्कृतिक हिंसा' कहते हैं, जो इस दृष्टिभ्रम के परिणामस्वरूप विकसित विश्वास-प्रणाली के कारण होती है। संस्कृति की संरचना एक विश्वास-

१. आचार्य, नन्दकिशोर; संस्कृति का व्याकरण, पृ. १९; वाग्देवी प्रकाशन, बीकानेर, १९९७

प्रणाली—बिलीफ सिस्टम—के आधार पर होती है, लेकिन जब यह 'बिलीफ सिस्टम' आत्म के निरन्तर विस्तार में बाधक होने लगता है, तो वह अपने दायरे से बाहर के जीवन को 'अन्य' या 'पर' मान लेता है। 'अन्य' या 'पर' का यह भाव किसी भी प्रकार की हिंसा—विशेषतया सांस्कृतिक हिंसा का बीज होता है, जबकि "चेतना के विकास का अर्थ है मनुष्य का निरन्तर अहिंसक होते जाना—निषेधात्मक नहीं, विधेयात्मक अर्थों में। जीवन मात्र के, अस्तित्व मात्र के प्रति लगाव, प्रेम, करुणा, अनुकम्पा का भाव और उसका सूक्ष्मतर बोध अहिंसा के भाव की ही गुणाभिव्यक्तियाँ हैं। अहिंसक होना ही वास्तविक अर्थों में मनुष्य होना और जीवन के विकास की गति में सार्थक भूमिका निबाहना है।"[१] जब हम कहते हैं कि मनुष्य सर्वश्रेष्ठ है तो यह भी जानने का प्रयास होना चाहिए कि श्रेष्ठता से हमारा क्या आशय है। वह श्रेष्ठतर है, क्या इसलिए इसे अपने से हीन का अपनी इच्छानुसार उपयोग करने का आधार मिल जाता है? प्रकृति और पशु-जाति जीवन और चेतना के विकास में मनुष्य से नीचे के स्तरों पर है—यही बात तो मनुष्य को उनसे श्रेष्ठतर बनाती और उनके इस्तेमाल के बारे में इकतरफ़ा निर्णय लेने का अधिकार मनुष्य को देती है। क्या इस तर्क के आधार पर अधिक विकसित या ताक़तवर राष्ट्रों, सम्प्रदायों, नस्लों, जातियों, समूहों को भी यह सर्वमान्य अधिकार होना चाहिए कि वे अपने से कमज़ोर और हीनतर मनुष्यों, समाजों, राष्ट्रों या समूहों को अपने लिए इच्छानुसार इस्तेमाल कर सकें? इस सवाल पर यह आपत्ति की जा सकती है कि मनुष्य का मनुष्य के प्रति व्यवहार और उसका मनुष्येतर जीवन के प्रति व्यवहार दो अलग बातें हैं और उनके लिए एक ही कसौटी नहीं बनायी जा सकती। मनुष्य और पशु में फ़र्क़ है, अतः मनुष्य और पशु के प्रति आचरण में फ़र्क़ होना स्वाभाविक और संगत है। यदि हम इस तर्क को मान लेते हैं तो इससे क्या यह ध्वनित नहीं होता कि मनुष्य और पशु के आचरण में भी फ़र्क़ होना चाहिए? मनुष्य किस के प्रति आचरण कर रहा है, इससे पहले यह बात समझ लेना आवश्यक है कि आचरण करने वाला मनुष्य है—जो चेतना-सम्पन्न उत्तरदायी प्राणी है, इसलिए, उसके आचरण में हर स्तर पर मानवत्व प्रतिफलित होना अधिक संगत और सार्थक है। ऐसा नहीं है कि वह

---

१. वही, पृ. २१

मनुष्यों के बीच तो मनुष्य रहता है, पर अन्य के बीच मनुष्य नहीं रहता। अतः इसका तात्पर्य यह है कि मनुष्य की श्रेष्ठता इसी बात से प्रमाणित हो सकती है कि वह कहाँ तक हर स्तर पर मनुष्य रह पाता है—जैविक अर्थों में नहीं, बल्कि नैतिक-भावात्मक अर्थात् चेतना के विस्तार के अर्थों में। मनुष्य की श्रेष्ठता अपने से हीन का इस्तेमाल करने के सामर्थ्य से नहीं बल्कि उनके संरक्षण और कल्याण के प्रति उत्तरदायित्व से प्रमाणित होती है—जैसे किसी वयस्क की श्रेष्ठता किसी बच्चे के कल्याण के लिये उत्तरदायी होने में।[१]

जब हम इस बात में विश्वास करते हैं कि श्रेष्ठतर को अपने से हीनतर या 'अन्य' को अपनी इच्छानुसार इस्तेमाल करने या नियन्त्रित करने का अधिकार है, तो हम प्रकारान्तर से अन्य के प्रति अपने हिंसक आचरण को सांस्कृतिक वैधता दे रहे होते हैं। इसीलिए *जोहन गाल्जंग* का यह निष्कर्ष समीचीन है कि हमारे विश्वास समाज में संरचनात्मक और प्रत्यक्ष हिंसा को औचित्य या वैधता—लेजिटिमेसी—दे देते हैं,[२] जिसके कारण वह हिंसा हमारे नैतिक आत्म में किसी अपराध-बोध या ग्लानि का कारण भी नहीं बनती। *ओटो क्लाइनबर्ग, वोल्फगोंग* और फेरावुत्ती के अध्ययन के आधार पर बताते हैं कि कई संस्कृतियों में हिंसा एक जीवन-शैली या स्वीकृत व्यवहार की हैसियत ले लेती है क्योंकि लोक-मान्यता अथवा रूढ़िगत नैतिकता, जिसे वह 'उप-संस्कृति'—सब कल्चर—की संज्ञा देते हैं।[३] जब मैक्स वेबर ने म्युनिख़ विश्वविद्यालय में आयोजित अपने एक व्याख्यान में अहिंसक राजनीति की अवधारणा का खण्डन करते हुए 'हिंसा को राजनीति का एक महत्त्वपूर्ण साधन' बताया[४] तो वह हिंसा की अनिवार्यता को एक सांस्कृतिक-वैचारिक आधार दे रहे थे। *प्रोफ़ेसर पेज* 'अमेरिकी समाज को हिंसा सिखाने वाला समाज' कहते हुए बताते हैं कि संस्कृति इस हिंसा को पोषित करती है।[५]

---

१. वही, पृ. ९-१२

२. गाल्जंग, जोहन; पीस बाई पीसफुल मींस, पृ. १९६-९७; सेज पब्लिकेशंस, दिल्ली; १९९६

३. क्लाइन बर्ग, ओटो; वायलेंस एण्ड इट्स कॉजेज, पृ. ११५; यूनेस्को; १९८१

४. पेज, ग्लेन डी; राजनीतिशास्त्र का हिंसामुक्त स्वरूप, पृ. ५; राष्ट्रीय गाँधी संग्रहालय, नयी दिल्ली; २००४

५. वही, पृ. १२

जोहन गाल्जंग ने सांस्कृतिक हिंसा की चारित्रिकता की व्याख्या करते हुए उसे धार्मिक सम्प्रदाय, विचारधारा, भाषा, कला तथा आनुभविक और औपचारिक विज्ञानों के माध्यम से प्रत्यक्ष हिंसा अर्थात् हिंसा की घटना और संरचनात्मक हिंसा अर्थात् प्रक्रियागत हिंसा को औचित्य देने वाले एक स्थिर तत्त्व की तरह परिभाषित किया है, जिसमें परिवर्तन अत्यन्त धीमी गति से होता है। सैनिकवाद को एक उदाहरण की तरह लिया जा सकता है, जो केवल सैनिक तैयारी नहीं है क्योंकि शिक्षा-संस्थानों की पाठ्यचर्या में सैनिक प्रशिक्षण तथा सैनिकवाद को एक संस्कृति की तरह प्रचारित किये बिना कोई राज्य अपनी सैनिक कार्रवाइयों का औचित्य प्रतिपादित नहीं कर सकता।

गाल्जंग धार्मिक सम्प्रदायवाद और विचारधारा को भी सांस्कृतिक हिंसा की चारित्रिकताओं में शामिल करते हैं। इतिहास में इसके समर्थन में मिलने वाले साक्ष्यों की कोई कमी नहीं है। सम्प्रदायवादी, राष्ट्रवादी तथा क्रान्तिवादी हिंसा की घटनाएँ इसे प्रमाणित करती हैं। धर्म को, अधिकांशत: संस्कृति का आधार माना जाता रहा है और प्रत्येक धार्मिक समूह अपने विश्वासों को ईश्वर-प्रदत्त मानता और शेष धार्मिक समूहों को 'अन्य' की तरह देखता है। प्रत्येक धार्मिक सम्प्रदाय एक संस्थान है और आस्था भी और ये दोनों व्यवहार में इस तरह घुल-मिल जाते हैं कि उन्हें अलगाना मुश्किल हो जाता है। *हटिंगटन* जिसे सभ्यताओं का संघर्ष कहते हैं, वह भी, मूलत: धार्मिक समूहों का ही संघर्ष है। बहुत से देशों में अन्य धर्मावलम्बियों को द्वितीय श्रेणी के नागरिकों का दर्जा दिया जाता है। अधिकांश साम्प्रदायिक दंगों का मनोवैज्ञानिक कारण यही है कि एक सम्प्रदाय दूसरे सम्प्रदाय को अपना शत्रु मानता और उसे मिटाना अपना धार्मिक कर्तव्य समझने की भूल करता है। आजकल जिस सांस्कृतिक पहरेदारी—कल्चरल पोलिसिंग—के कई उदाहरण देखने में आते हैं, उनका औचित्य भी सांस्कृतिक विश्वासों के आधार पर ही सिद्ध करने की कोशिश की जाती है।

राष्ट्रवादी या विचारधारात्मक हिंसा भी इसी तरह अन्य राष्ट्रों या विचारधाराओं को अपने से हीन या शत्रु मानने का परिणाम होती है। विचारधारात्मक हिंसा अन्तरर्राष्ट्रीय स्तर पर भी होती है और किसी राज्य में आन्तरिक स्तर पर भी। प्रथम और द्वितीय महायुद्धों की पृष्ठभूमि में राष्ट्रवाद और

सैनिकवाद ने सांस्कृतिक आधार की भूमिका निबाही थी। कई देशों की अलगाववादी हिंसा में भी सांस्कृतिक आधारों पर निर्मित अस्मिता छवि ही प्रेरक कारण बनती है। गाल्जंग का मानना है कि राष्ट्र-राज्य की विचारधारा और ईश्वर द्वारा 'चयनित समूह' की धारणा के अन्तर्ग्रंथन से भी कई तरह के हिंसात्मक संघर्ष होते हैं। वह इज़रायल, ईरान, जापान, दक्षिण अफ्रीका, नाजी जर्मनी और संयुक्त राज्य अमेरिका तक को इसके उदाहरणों के रूप में गिनाते हैं।[१]

भाषा के आधार पर हिंसा के दो रूप सम्भव होते हैं। पहला तो यह कि भाषा के अपने आन्तरिक तन्त्र में किसी वर्ग या समूह के प्रति अपमानजनक भाषिक व्यवहार जो संरचनागत हिंसा से तो जुड़ा होता ही है पर साथ ही प्रत्यक्ष हिंसा को भी औचित्य प्रदान करता है।[२] भाषा का विन्यास और मुहावरे-कहावतें हमारी मानसिकता से जुड़े होते हैं। भारतीय समाज में कथित निम्न जातियों और सजातीय स्त्रियों तक के प्रति भाषिक व्यवहार में यह हिंसा स्पष्ट दिख जाती है। गाल्जंग का मानना है कि लेटिन पर आधारित भाषाओं में पूरी मानव-प्रजाति के लिए पुरुषवाचकता का प्रयोग स्त्री-वर्ग को अदृश्य कर देता है। उपनिवेशवादी दौर की यूरोपीय कला और साहित्य में काली जातियों और आदिवासी समूहों के चरित्रों को जिस प्रकार से चित्रित किया जाता है, वह भी इसी प्रकार की सांस्कृतिक हिंसा की मानसिकता को दर्शाता है। आधुनिक मानव विज्ञानी अब यह स्वीकार करने लगे हैं कि सभी संस्कृतियों का समान महत्त्व है; लेकिन उपनिवेशवादी दौर में साम्राज्यवाद का इस तर्क से सांस्कृतिक औचित्य सिद्ध करने की चेष्टा की गयी कि काली जातियाँ असभ्य और बर्बर हैं तथा उन्हें सभ्य बनाना श्वेत जातियों का दायित्व है, जिसे 'बर्डन ऑफ़ दि वाइट्स' कहा गया। एक राष्ट्र की आन्तरिक व्यवस्था में भी दलित या आदिवासी समूहों को कथित भद्रकला और साहित्य में जिस तरह चित्रित किया जाता था, वह उनके आन्तरिक उपनिवेशीकरण को सांस्कृतिक औचित्य देने की मानसिकता से ही प्रेरित रहा है। गाल्जंग उन्नीसवीं सदी में फ्रांस में विकसित चित्रकला की एक विशेष शैली को 'पूर्वी निरंकुशतावाद' से प्रेरित बताते हैं, जिसमें पूर्वी सुल्तानों को यौन और

---

१. गाल्जंग, जोहन; वही, पृ. २०२-३१
२. वही, पृ. २०४-५

हिंसा के परिवेश में चित्रित किया गया है।''[१]

सामाजिक विज्ञानों या प्राकृतिक विज्ञानों तक के अध्ययन में भी सांस्कृतिक हिंसा के बौद्धिक रूप के उदाहरण मिल जाते हैं। गाल्जंग इसके उदाहरण के रूप में एडम स्मिथ की अर्थशास्त्रीय परम्परा में नव क्लासिकीय अर्थशास्त्र के व्यापार सिद्धान्त में *रिकॉर्डो* की 'तुलनात्मक अनुकूलता' की अवधारणा का उदाहरण देते हैं, जिसके अनुसार प्रत्येक देश को उसी वस्तु के आधार पर विश्व-बाज़ार में प्रवेश करना चाहिए, जिसके लिए उसके पास अधिक अनुकूल स्थिति है। गाल्जंग के अनुसार इसका तात्पर्य यह है कि कच्चे माल और अकुशल श्रम वाले देशों को विश्व-बाज़ार में केवल कच्चा माल लाना चाहिए, जबकि पूँजी, प्रौद्योगिकी और कुशल श्रम वाले समाजों को उसे तैयार करने में सक्रिय होना चाहिए। इसका सीधा तात्पर्य कच्चे माल वाले अविकसित देशों का विकसित देशों के हक़ में शोषण को औचित्य प्रदान करना है।[२]

इसी तरह नारीवादी वैज्ञानिकों का मानना है कि निरपेक्ष बताये जाने वाले विज्ञान में भी लैंगिक पूर्वग्रह सक्रिय रहते हैं। *नैंसी हान* का कहना है कि 'आब्जेक्टिविटी' और 'न्यूट्रेलिटी' एक ही बात नहीं है। 'आब्जेक्टिविटी' के बावजूद आप मूल्य-निरपेक्ष नहीं हो सकते हैं। उनके अनुसार जैविक विकास के सिद्धान्त में पुरुष मानसिकता के कारण 'आखेटक अभिगम' को प्रधानता दी गयी और नारी की संग्रह-कर्ता की भूमिका की अनदेखी की गयी। इसलिए नारीवादी दृष्टि से विज्ञान के सवालों पर भाषा विज्ञान के सवालों पर भी, पुनः विचार की आवश्यकता है। हम जो सवाल करते हैं, वह हमारी सांस्कृतिक मानसिकता से प्रेरित होता है।[३] गाल्जंग तो यहाँ तक मानते हैं कि गणित जैसे विषय के माध्यम से भी सांस्कृतिक हिंसा सम्भव है। यदि गणित हमें यह बताता है कि कोई प्रमेय और उसका निषेधकर्ता प्रमेय दोनों एक साथ वैध नहीं हो सकते हैं, तो इस धारणा के परिणाम भी हिंसात्मक मानसिकता पैदा कर सकते हैं क्योंकि यह तर्क-पद्धति एक ऐसी मानसिकता का निर्माण करती है, जिसमें 'अन्य' के लिए

---

१. वही, पृ. २०५

२. वही, पृ. २०५-६

३. आचार्य, नन्दकिशोर; अहिंसा विश्वकोश, पृ. ७३४; प्राकृत भारती अकादेमी, जयपुर, २०१४

कोई जगह नहीं बचती, जबकि संस्कृति में सबको पर्याप्त व उचित स्थान मिलना अनिवार्य है।[१]

यदि फ़िलहाल इस बहस में न भी पड़ें कि सांस्कृतिक विश्वासों का विकास आर्थिक–सामाजिक संरचना का परिणाम है या ऐसी संरचनाएँ हमारे सांस्कृतिक विश्वासों के आधार पर विकसित होती है, तब भी इस बात से इनकार नहीं किया जा सकता है कि एक बार अस्तित्व में आने पर ये दोनों परस्पर अन्तर्क्रिया से और विकसित होती जाती हैं। इस स्थिति को बदलने के लिए दोनों प्रक्रियाओं को एक साथ बदलने के प्रयास वांछनीय हैं। आर्थिक–सामाजिक संरचनाओं में निहित हिंसा को मिटाने के लिए जहाँ अहिंसामूलक संरचनात्मक परिवर्तनों की आवश्यकता है, वहीं हमारे प्रचलित विश्वासों में अन्तर्निहित हिंसा को समझने और विधायी अहिंसामूलक विश्वास–पद्धति का स्थापन भी उतना ही अनिवार्य है।

गाल्जंग की दृष्टि में भी सांस्कृतिक हिंसा का निराकरण गाँधी–दृष्टि से सम्भव हो सकता है। वह गाँधी–दृष्टि को दो सूत्रों में व्याख्यायित करते हैं : (१) जीवन का एकत्व और (२) साध्य–साधन एकत्व।[२] एक सूत्र से दूसरा सूत्र स्वयमेव निकल आता है।

विनोबा इसी को आधार बनाकर 'आध्यात्मिक पंच निष्ठाओं' की अवधारणा का प्रतिपादन करते हैं। ये पाँच निष्ठाएँ हैं : (१) संविधानम् अर्थात् यह विश्व एक चेतन अस्तित्व है, जो कुछ नियमों से शासित है। विनोबा का यह आग्रह नहीं है कि इस चेतना को ईश्वर कहा जाय। यदि चेतना एक विकासशील प्रक्रिया है, जोकि विनोबा के अनुसार वह है, तो उसे ईश्वर नहीं कहा जा सकता, लेकिन चेतना का विकास अस्तित्व या मानव–जीवन का प्रयोजन हो जाता है—और उस साध्य एवं साधन है जीवन या अस्तित्व के साथ एकत्व की अनुभूति। (२) प्राणिमात्र की एकता और पवित्रता। यह निष्ठा स्वयमेव ही पूर्वनिष्ठा से प्रसूत होती है। यदि विकास–प्रक्रिया का चरमोत्कर्ष एकत्व की अनुभूति में है तो न केवल जीवन मात्र की एकता बल्कि उसकी पवित्रता का भाव स्वाभाविक ही है। एकता एक तथ्य है और पवित्रता एक भाव; लेकिन यह भाव एकता के तथ्य का ही

१. गाल्जंग, जोहन; वही, पृ. २०६
२. वही, पृ. २०७

सहजन्मा है क्योंकि अन्ततः सारी नैतिकता का तत्त्वमीमांसा स्रोत एकता के इस बोध में ही है। (३) मरणोत्तर जीवन—यद्यपि विनोबा इसे लेकर स्पष्ट नहीं है कि वह किस रूप में रहता है, लेकिन जीवन मात्र की एकता में विश्वास करने पर यह समझना मुश्किल नहीं रहता कि वैयक्तिक जीवन के समाप्त होने पर भी जीवन की समग्रता तो बनी ही रहती है। यदि जीवन एक भौतिक अस्तित्व है तो वह नष्ट नहीं हो सकता—केवल रूपान्तरित हो सकता है। इसी तरह चेतना भी एक बार अस्तित्व में आने के बाद कभी नष्ट नहीं हो सकती। बौद्ध दर्शन मानता है कि "अनुभव की प्रत्येक अवस्था तिरोहित होते ही अगली अवस्था में विलीन हो जाती है और इस प्रकार प्रत्येक आगामी अवस्था में सभी पूर्वगामी अवस्थाएँ अव्यक्त रूप में विद्यमान रहती हैं, जो अनुकूल परिस्थितियों में स्वयं को अभिव्यक्त कर देती हैं।" (४) कर्मविपाकम्—इसका आशय यह है कि किसी एक व्यक्ति के कर्म का फल पूरे समाज को भोगना पड़ सकता है। इसी तरह समाज के कर्म का व्यक्ति पर भी प्रभाव पड़ता है। उन्हीं के शब्दों में, "समाज और व्यक्ति एक-दूसरे में मिले हुए हैं। कर्म के क़ानून में दोनों अलग नहीं हैं।" इसे पूरे जीवन की एकता के सिद्धान्त के आधार पर अच्छी तरह समझा जा सकता है। पारिस्थितिकी आदि भौतिक विज्ञानों के प्रयोगों एवं परिणामों से भी इसकी सम्पुष्टि होती है। (५) निरपेक्ष नैतिक मूल्यों में श्रद्धा—यह उन शाश्वत नैतिक मूल्यों का स्वीकार है। सत्य, अहिंसा, प्रेम, करुणा आदि ऐसे ही शाश्वत नैतिक मूल्य हैं, जिनका हम कभी भी तिरस्कार नहीं कर सकते क्योंकि इन्हीं के आधार पर जीवन और चेतना का विकास होता है। सामान्यतः, इन बातों को केवल भावात्मक नैतिक उपदेशों की तरह स्वीकार किया जाता है, लेकिन विनोबा के लिए ये विज्ञानसम्मत मूल्य हैं। यदि यह विश्व और विकास-प्रक्रिया नियम शासित हैं, जो विनोबा के अनुसार है तो सभी मूल्यों का आधार उस व्यवस्था के नियमों में ही होना चाहिए। शायद इसीलिए विनोबा मानते हैं कि चेतना के भावी विकास के साथ 'दुनिया में विज्ञान और अध्यात्म रहेगा। राजनीति और धर्म (पन्थ) मिट जायेंगे।[१]

एम.एन. राय जैसे भौतिकवादी दार्शनिक भी अपने मौलिक मानववाद के

१. आचार्य, नन्दकिशोर आचार्य; साम्ययोग के आयाम, पृ. ३५-४१; प्राकृत भारती अकादेमी, जयपुर; २०१७

सिद्धान्त–सूत्रों में यह स्वीकार करते हैं कि "नियमशासित भौतिक प्रकृति की पृष्ठभूमि से उत्पन्न होने के कारण मानव–प्रकृति, सारतः, विवेकशील है।"[१] तात्पर्य यह कि उसे अपने विश्वासों का भी विवेक के आधार पर परीक्षण करना चाहिए। वह बुद्धि और भावना को एक समान जैविक कोटि में वर्गीकृत करते हैं क्योंकि दोनों जैविक विकास का परिणाम हैं। यदि इन दोनों में कोई असन्तुलन दिखायी देता है तो इसका कारण यही है कि सहकार के बजाय संघर्ष और प्रतिद्वन्द्विता को केन्द्रीय मान लेने के दृष्टिभ्रम के कारण हम भटक जाते हैं।

भविष्य निराशाजनक नहीं है—निराशा की विकराल परिस्थितियों के बावजूद। इतिहास की गति सरल रेखा की तरह नहीं होती। कई बार वह अनेक मोड़ों, घुमावों, प्रत्यावर्तनों, चक्रों और उतार–चढ़ावों से होकर गुज़रती है। परिस्थितियों के संकटपूर्ण होने के साथ–साथ मानव–जाति में उसके वास्तविक कारणों की समझ और एक वैकल्पिक राह की तलाश भी बढ़ती गयी है। यह ठीक है कि न्यस्त स्वार्थ हर परिस्थिति को अपने हक़ में मोड़ लेने के लिए सचेष्ट रहते हैं, लेकिन यह और भी अधिक सच है कि मानव–जाति में हिंसक और संरचनाओं के प्रति सजगता बढ़ती गयी है। यदि विश्व–स्तर पर मानवाधिकारों की संकल्पना को उत्साहपूर्वक स्वीकार किया गया है—चाहे अभी व्यावहारिक तौर पर उन्हें ठीक तरीक़े से लागू नहीं किया जा रहा हो—तो यह इस बात का प्रमाण तो है ही कि मानव–जाति ने अहिंसा को एक सांस्कृतिक विश्वास की तरह स्वीकार कर लिया है, जिसके आधार पर वह अपने भविष्य का निर्माण करना चाहती है। आज ऐसा उदाहरण अपवादस्वरूप ही मिल सकेगा, जहाँ मानव–भविष्य के लिए हिंसा के आधार की वांछनीयता का स्वीकार किया जाता हो। हिंसक तत्त्व भी अब उसे किसी मूल्य की तरह नहीं, बल्कि एक ऐसी मजबूरी की तरह बताते हैं, जो उन पर अनचाहे थोप दी गयी है—चाहे वास्तव में वे स्वयं उसके प्रणेता रहे हों—क्योंकि वह जानते हैं कि विश्व जनमत की दृष्टि में अहिंसा ही जीवन का सिद्धान्त हो सकती है। यह विश्वास मानव–जाति के इतिहास की सीख है, जिसकी स्वीकृति भविष्य के प्रति आशान्वित करती है। इतिहास हमें हमारी भूलों के प्रति तो सावधान करता ही है, साथ ही हमें अपनी सम्भावनाओं से भी

---

१. राय, एम.एन.; नव मानववाद, पृ. ५६; वाग्देवी प्रकाशन, बीकानेर; १९९८

परिचित करवाता है। मनुष्य के जीवन की सार्थकता, *अज्ञेय* से शब्द उधार लेकर कहें तो 'जो मैं हूँ, वह मैं हो सकूँ' में है—मानव-जाति के विकास-यात्रा की सार्थकता भी इसी में है कि वह *श्री अरविन्द* के शबदों में, अपनी वर्तमान परिस्थिति को समझने के साथ-साथ अपनी सम्भाव्यता को सिद्ध कर सके। जीवन के अभेद का स्वीकार ही वैज्ञानिकता है और वही नैतिकता बल्कि आध्यात्मिकता भी[१]—और इस स्वीकार में ही सम्भावनाओं के अनन्त आयाम अन्तर्निहित हैं।

---

१. आचार्य, नन्दकिशोर; सत्याग्रह की संस्कृति, पृ. १२४; वाग्देवी प्रकाशन, बीकानेर; २००८